RECHT UND KIRCHE

Betrachtungen
zur Lehre von der Gemeinschaft und
der Möglichkeit eines Kirchenrechtes

von

D. Dr. Rudolf Stammler
Professor an der Universität Berlin

Berlin und Leipzig 1919
Vereinigung wissenschaftlicher Verleger
Walter de Gruyter & Co.
vormals G. J. Göschen'sche Verlagshandlung :: J. Guttentag, Verlagsbuchhandlung :: Georg Reimer :: Karl J. Trübner :: Veit & Comp.

Druck von Metzger & Wittig in Leipzig.

Vorwort.

Die folgenden Ausführungen sind durch Vorträge veranlaßt, die ich über staatliches und kirchliches Recht auf der Tagung des Apologetischen Seminars zu Wernigerode im Oktober 1918 gehalten habe. Ich habe sie auf Wunsch in Buchform ausgearbeitet, um die einschlägigen Betrachtungen im gleichen Sinne, wie die dortige mündliche Rede, weiteren Kreisen zugänglich zu machen.

In der Sache kam es darauf an, ein in sich zusammengefaßtes Ganzes zu bieten. Die Erörterung mußte darum manches aus Theorie und Praxis, was diesem oder jenem Leser geläufig sein dürfte, zur Lösung der Kernfragen unseres Themas als Hilfsmittel heranziehen.

Einige Literaturangaben, von denen aus weiter eindringende Untersuchung geführt werden kann, finden sich am Schlusse der Schrift mitgeteilt.

Inhalt.

Das verbindende Wollen.

Ich enkan die lûte machen nicht
vornunftig algemeyne,
Al lêre ich sie des rechtes phlicht,
mir enhelfe got der reyne.

Sachsenspiegel Vorrede 5—8.

Die Frage nach Recht und Kirche tritt auf, sobald wir mehrere Menschen in ihren religiösen Empfindungen betrachten. Die Gemeinsamkeit, oder aber die Verschiedenheit ihres Glaubens, die wir da gewahren, erschafft die Aufgabe, eine Vereinigung oder eine Ausgleichung unter ihnen zu suchen. Jeglicher bringt hier etwas von dem Eigenen mit, das er gerade sich persönlich vorbehalten und bewahren möchte. Aber sie sind doch auf ein Zusammenleben miteinander angewiesen; und da, wo nun einer des anderen Last mitzutragen hat, kann man nicht teilnahmslos an dem vorübergehen, was die letzte und höchste Frage eines jeden von ihnen ausmacht.

Es ist versucht worden, die also gestellte Aufgabe dadurch sinnenfällig zu machen, daß zunächst einmal ein gänzlich vereinzelter Mensch vorgestellt wurde, der allein für sich haust und abgeschnitten von anderen Menschen sein Leben fristet, im vollen Gegensatz zu einem gesellschaftlichen Dasein. Wir alle kennen das genau aus unseren Jugendtagen in der Geschichte des Robinson, deren mannigfach verschiedene Ausmalung freilich nicht immer ein Kinderbuch bedeuten mag. Besonders hat CAMPE in planmäßiger Schilderung berichtet, wie der Held seiner Erzählung von allen Hilfsmitteln entblößt auf die einsame Insel geworfen wurde. Nach einiger Zeit erst erhielt er durch ein gescheitertes Schiff, auf dem sich keine Besatzung mehr vorfand, mancherlei Werkzeug für besseren Bestand seines äußeren Lebens. In seiner Abgeschiedenheit aber ward er geläutert. Reue und Buße ergriffen ihn, und er fand den Weg zu Gott.

Und nun trat zu ihm die soziale Erwägung heran, als er den jungen Indianer rettete und mit ihm, dem *Freitag*, sein Geschick teilte und in Verständigung kam; worauf es gelang, auch den Vater seines Gefährten und einen gefangenen Europäer von den Wilden zu befreien.

Hier setzt alsbald unser Problem ein.

Robinson konnte nicht umhin, zu lächeln, — so heißt es in der genannten Darstellung — *da ihm der Gedanke einfiel, daß er einem ordentlichen Könige nun-*

mehr immer ähnlicher werde. Die ganze Insel war sein Eigentum; seine Untertanen, die ihm alle ihr Leben verdankten, hingen lediglich von seinem Willen ab und waren verbunden, wenn es sein müßte, Leib und Leben für ihn zu wagen. Am merkwürdigsten schien ihm dabei der Umstand, daß er gerade soviel Glaubensparteien als Untertanen in seinem Reiche hatte. Freitag hatte diejenige christliche Religion von ihm angenommen, welche die Protestanten bekennen; der Spanier war ein katholischer Christ, Freitags Vater sogar noch ein Heide. — Was mußt du nun wohl dabei tun? dachte Robinson. Hättest du nicht etwa das Recht, sie alle mit Gewalt zu zwingen, sich zu demjenigen Glauben zu bekennen, den du für den besten hältst? Er sann darüber nach, weil es eine Sache war, an die er noch niemals gedacht hatte.

Er stand wohl fremd dem gegenüber. Aber wie viele haben nicht vor und nach ihm den gleichen Zweifel gehegt! Es mag sein, daß man vor hundert und mehr Jahren mit besonderem Nachdruck dieser Frage nachging. Sie ist jedoch an keine Zeit gebunden. Man erinnere sich, daß in dem letzten Jahre aus Rußland berichtet wurde, daß die Sowjetregierung eine Verfügung erlassen habe, die das orthotoxe und das protestantische Glaubensbekenntnis verbiete und eine neue Religion einführe, die das neue Christentum genannt werde, und die die einzige zulässige Religion in Rußland sein solle.

Wenn wir nun hier das Verhältnis von äußerer Regelung und religiöser Überzeugung in methodischer Überlegung durchgehen wollen, so ist darauf acht zu haben, daß es sich in zwei besondere Fragen zerlegt.

Einmal hat eine Abgrenzung unter den beiden Gedankenrichtungen stattzufinden. Es ist einer jeden von ihnen, der rechtlichen Ordnung und der religiösen Lehre, das Gebiet abzustecken, in dem gerade sie zu wirken bestimmt ist. Dabei mag es sich empfehlen, die maßgebliche Theorie für den praktischen Beruf des Seelsorgers, wie des Rechtsgelehrten in Grenzfällen zu bewähren, die als Beispiele zur Anregung und vertiefenden Überlegung dienen können.

Zum andern ist es nötig, die genannten Äußerungen unseres geistigen Lebens, Recht und Religion, in Verbindung miteinander zu setzen. Hier entsteht die Frage nach der Möglichkeit eines Kirchenrechtes und nach den allgemeinen Grenzen seines berechtigten Auftretens.

Wenn wir uns der erstgenannten Frage zuwenden, so müssen wir dem Gedanken der äußeren Verbindung unter den Menschen etwas nähere Aufmerksamkeit schenken.

Das Verbinden der menschlichen Zwecke steht im klaren Gegensatz zu dem Innenleben des Einzelnen für sich. Dieses umfaßt die gesamte Gedankenwelt, die einem Menschen in seiner Einheit zukommt. Es enthält die Betrachtung, die er der ihn umgebenden Natur widmet und erfüllt sich in einem Gesamtbild für alle seine Wahrnehmungen. Vor allem aber gehören ihm die wünschenden Gedanken zu. Sie bilden eine eigene Welt. Von ihnen, den Gedanken, darf man mit Grund sagen: daß sie des Menschen bester Freund und schlimmster Feind sind. Sie allein können ihm einen festen Halt bieten oder aber ihn strafend hin- und herwerfen, ohne daß er ihrer ledig zu werden vermag. *Um das Roß des Reiters schweben, um das Schiff die Sorgen her.*

In solcher Weise tritt die Frage des Innenlebens der äußeren Regelung des gesellschaftlichen Daseins gegenüber. Wir haben sämtlich es gegenwärtig, wie diese beiden Äußerungen des menschlichen Lebens vor allem in der Bergpredigt nebeneinander vorgestellt werden; — so vollendet klar und deutlich, daß es unbedingt jedermann greifbar wird. Dem Verbote des Tötens tritt das Geheiß zur Seite, in seinen Gedanken gar nicht zu zürnen; das Gesetz von der Unversehrtheit der Ehe nach außen wird ergänzt durch die Verwerfung schon des schlechten begehrenden Gedankens. Die Sünde liegt bereits in diesem letzteren, ἐν τῇ καρδίᾳ αὐτοῦ, in seinem Herzen.

Diese einfache und sichere Unterscheidung ermöglicht es: eine genaue begriffliche Abteilung des sittlichen und des sozialen Wollens zu machen. Beide haben es gemeinsam zu tun mit menschlichem Sehnen und Streben, mit dem Drängen und Wollen. Sollen sie im Interesse der Klarheit unseres Denkens geschieden werden, so bedarf es eines bedingenden Merkmales, durch das sich die zwei genannten Begriffe kennzeichnen und voneinander abteilen lassen.

Dieses Merkmal kann nicht etwa in der Güte oder der Schlechtigkeit eines zur Beurteilung stehenden Begehrens liegen. Diese Unterscheidung kommt vielmehr bei ihnen beiden in gleicher Weise vor. Es gibt auch schlechte *Moral* und gutes *soziales* Wollen und umgekehrt. Es entspricht im ersten Falle eine lehrende Anweisung dem Begriffe *Moral*, genügt aber nicht der richtenden Idee des Guten. Darum ist es auch möglich, verschiedene Moralsysteme miteinander zu vergleichen und ein jedes von ihnen dabei abzuschätzen. Es mag dann das eine in der Wertung gegenüber dem andern mehr oder weniger gut sein, aber dem Begriffe *Moral* entsprechen sie alle. Und genau das gleiche erhalten wir, wenn wir den Blick auf die begriffliche Eigenart des sozialen Wollens richten.

Die grundlegende Einteilung des Wollens in die zwei hier genannten Begriffe läßt sich nur dadurch gewinnen, daß man zum ersten das Wollen eines Menschen betrachtet, den man als Einheit getrennt für sich nimmt, und zum zweiten es erwägt in seinen Beziehungen zum Wollen anderer. Durch das letzte entsteht eine eigene grundlegende Art des Wollens: Das verbindende Wollen.

Jenes erste — der *inwendige* Mensch — liegt vor, ehe das Sehnen und Drängen des Innern sich nach außen hin erkennbar zeigt. Das Fehlen einer Äußerung ist nun das bedingende Merkmal für den Begriff des sittlichen Wollens, sobald dieser dem sozialen Streben gegenübertritt. Freilich ist der Sprachgebrauch hier nicht günstig, da das Wort *sittlich* vielfach auch in der Bedeutung von *richtig* verwendet wird. Dann gilt es, vor einer Verwirrung in der Sache sich zu hüten. Hier haben wir zuvörderst den Unterschied der Begriffe des Innenlebens und des Zusammenlebens zu betonen.

Für diese Unterscheidung ist es gleichgültig, ob sich die wünschenden Gedanken überhaupt mit den Beziehungen zum Nebenmenschen beschäftigen oder nicht, und wie sie dies etwa tun. Wenn jemand sich vorsetzt, ehrlich im Handel zu sein, aber seine Sucht, auf redliche Weise Geld zu verdienen als seinen alleinigen obersten Zweck aufstellt, so bleiben seine wünschenden Gedanken in mangelhafter Verfassung. Und falls er, von körperlichem Schmerze geplagt, dem in Verzweiflung nachgibt und mit der Vorsehung hadert, so hat das mit sozialer Erwägung überhaupt nichts zu tun, bleibt vielmehr der sittlichen Frage nach dem beschriebenen Begriffe untertan.

Der Begriff des sozialen Wollens besteht darin, daß die Zwecke des einen als Mittel für den anderen genommen werden, und wechselseitig die Ziele des andern dem einen als Mittel dienen. So werden die Bestrebungen mehrerer Menschen miteinander verknüpft. Der moderne Ausdruck, daß die Menschen sich vereinigen, um den Kampf um das Dasein besser führen zu können, mag ruhig stehen bleiben.

Damit wird eine besondere Beschaffenheit des Setzens von Zwecken entscheidend angegeben, die das damit versehene Wollen formal bestimmt. Das verbindende Wollen ist also etwas anderes, als eine Summe von Zwecksetzungen gleichen Inhaltes.

Vielmehr ist es von den Willensinhalten der durch es verbundenen Menschen leicht und deutlich zu scheiden. Jeder Paragraph einer sozialen Anordnung diene als einfaches Beispiel. Wir haben dabei also mindestens drei Willensinhalte vor uns, von denen die verbundenen unter sich der Art nach gleich sind, während das verbindende Wollen als ein solches gedacht wird, das über ihnen bestimmend steht.

Alles dieses ist eine abstrakte Zergliederung der einheitlichen Denkformen, in denen wir unsere Vorstellungen ordnen. Es ist damit noch gar nichts über das Subjekt gesagt, dem ein verbindendes Wollen innewohnt. Das ist eine bedingte und wechselnde Sache. Hier kommt es nicht auf eine Beschreibung einzelner Vorgänge an, die sich geschichtlich ereignen mögen. Andererseits wird bei der besprochenen grundlegenden Einteilung des Wollens nichts vorausgesetzt, als die Tatsache des Bestehens mehrerer Träger des wollenden Bewußtseins und die Möglichkeit des Ordnens dieses letzteren überhaupt.

Ist nun das verbindende Wollen und der dadurch ermöglichte soziale Zustand eine Notwendigkeit? Ist nicht vielmehr die rechtliche Betrachtung von minderem Werte und selbst nur als eine Art von Notfall zu betrachten?

Es hat sich des öfteren eine Neigung gezeigt, jenes zu verneinen, die zweite eben ausgesprochene Frage zu bejahen. Selbst Luther war dem dahin gehenden Meinen nahe. Mit manchem Beschauer des sozialen Lebens, der dem Studium des Rechtes an sich ferner steht, legte er den Nachdruck in fast ausschließlicher Weise auf das Strafrecht. Er äußerte, daß das Recht unnötig sein würde, wenn die Welt von lauter *Christen* bewohnt wäre. Das Eingreifen der Obrigkeit sei ein Notwerk, um die Guten in ihrem Dasein und Besitz vor den Schlechten zu schützen. *Wenn nun jemand die Welt wollte nach dem Evangelio regieren, und alle weltliche Recht und Schwert aufheben, und fürgeben, sie wären alle getauft und Christen, unter welchen das Evangelium will kein Recht noch Schwert haben, auch nicht not ist; Lieber, rat, was würde derselbe machen? Er würde den wilden, bösen Tieren die Band und Ketten auflösen, daß sie jedermann zurissen und zubissen, und daneben fürgeben, es wären feine, zahme, kirre Tierlein; ich würde es aber an meinen Wunden wohl fühlen.*

Hiergegen ist zu sagen, daß das verbindende Wollen mit dem Bestehen der Menschen unausweichlich gesetzt ist. Die Vorstellung des sogenannten Naturzustandes des Menschen ist auch in äußerster Abstraktion immer nur eine vorläufige. Sie isoliert den Einzelnen und denkt doch zugleich an sein äußeres Verhältnis zu andern. Sobald man also folgerichtig ausdenkt, muß man die Bestrebungen eines jeden in Beziehung zu den Bestrebungen der ihm begegnenden Menschen bringen.

Auch von den *Christen* gilt nicht nur, daß sie *weit voneinander wohnen*, sondern daß ihre irdischen Zwecke gleichfalls bedingt sind und in geordnete Beziehung zueinander treten müssen. Die Beschränkung des Rechtes auf den strafrechtlichen Schutz der Guten und Friedfertigen geht im Grunde doch auf den Schutz *des Rechtes* selbst zurück. Die Achtung vor des Nächsten Hab und Gut setzt die Einrichtung des Eigentumes und somit eine rechtliche Bestimmung voraus; und die Pflicht, seine Person unverletzt zu lassen, leitet sich von dem Verbote seiner Kränkung ab. Ohne das verbindende Wollen, das über den Einzelnen gedacht ist, besteht gar nicht der Gedanke des Zusammenwirkens, des wechselseitigen Helfens und gemeinsamen Arbeitens.

Wir nennen einen Gedanken *notwendig*, wenn er eine unentbehrliche Bedingung abgibt, um Einheit und Ordnung in unserem Bewußtsein zu haben. Sonach ist mit dem eben dargelegten Beweisgang die Notwendigkeit des verbindenden Wollens, und damit die Notwendigkeit des sozialen Lebens, gegenüber dem in der Phantasie ersonnenen Naturzustand, dargetan. Daß die Geschichte des Robinson, an die oben erinnert wurde, damit nicht im Widerspruch ist, versteht sich von selbst. Sie wird als vorübergehendes Ausscheiden aus der Gesellschaft erst unter der logischen Voraussetzung der letzteren deutlich. Aus ihr kam der zeitweilig Vereinsamte, zu ihr kehrte er wieder zurück. Und wenn unsere Altvorderen in ihrem strengen Rechte die Strafe der Friedlosigkeit kannten, — ein Hinausstoßen in die Wildnis, mit Vogelfreiheit und ohne allen Schutz des Rechtes: so geschah diese Verurteilung, wie sie F. W. WEBER in *Dreizehnlinden* poetisch geschildert, gerade durch richterlichen Spruch auf der Grundlage eines Rechtssatzes und stellt sich sonach in ihrer Eigentümlichkeit als Inhalt eines sozialen Wollens dar.

Fassen wir das Gesagte zusammen, so erhalten wir den Satz: daß das gesellschaftliche Dasein der Menschen die Verbindung ihrer Zwecke bedeutet. Soziales Leben ist ein Zusammenwirken. In seinem Begriff sind somit zwei Elemente enthalten: 1. die Verbindung als solche. Sie besteht in der bedingenden Art und Weise des Zusammenlebens und prägt sich in einer äußeren Regelung aus, das ist einem Wollen, das eben die Zwecke der dadurch verbundenen Menschen als Mittel füreinander setzt. 2. Die zusammenstimmende Tätigkeit der Verbundenen. Sie bildet den Stoff des Begriffes *Gesellschaft*, der durch das verbindende Wollen logisch bestimmt ist.

Diese Auffassung von der menschlichen Gesellschaft, als einem eigenen Gegenstand wissenschaftlicher Betrachtung, steht im Gegensatz zu einigen Versuchen neuerer Zeit, die als materialistische und soziologische Lehren unternommen worden sind.

In ersterer Hinsicht wollte man das Wesen der menschlichen Gesellschaft durch eine Bezugnahme auf Tiervereinigungen erfassen. Den ersten Anstoß hierzu dürfte REIMARUS, Allgemeine Betrachtungen über die Triebe der Tiere (1760), gegeben haben. Dann aber hat sich eine weitschichtige Literatur ausgebildet, die nicht etwa, wie SHAKESPEARE im *König Heinrich V.* nur im Dichtwerk eine übertragene Schilderung vom Tun der Menschen wiedergibt, sondern allen Ernstes den Gedanken der menschlichen Gesellschaft mit der Wahrnehmung instinktmäßiger Vereinigung von Tieren methodisch gleichmäßig kennzeichnen möchte.

Das ist wissenschaftlich ungeeignet.

Wir wissen in genauer Erkenntnis nichts davon, daß die Tiere in voraussehender Weise den Gedanken von Zwecken und Mitteln hegen, und daß sie davon im Sinne einer Verbindung unter sich Gebrauch machen. So wenig, wie des Weiteren ein Wissen darüber besteht, daß sie den bedingenden Gedanken der wissenschaftlichen Einsicht besäßen, oder gar, daß ihnen die Idee zu eigen wäre, als Vorstellung des Unbedingten, von Raum und Zeit Unabhängigen. Die Fähigkeit zu diesem dreifachen Ordnen seines Gedankenreiches eignet dem Menschen, und es ist ihre Feststellung eine einfache Tatsache, ohne alle metaphysische Schwierigkeit. Dagegen ist die Übertragung des genannten gedanklichen Könnens auf das Tier im Grunde eine schwer verständliche Behauptung, bestenfalls das, was nach altem, gutem Sprachgebrauch eine *Meinungs-*

sache heißen könnte. Der Materialist neigt dazu, vom Tiere auszugehen und von diesem zu dem Menschen zu gelangen. Das ist methodisch ganz verkehrt. Ein jeder hat zunächst sein eigenes Bewußtsein, und von diesem aus schließt er erst auf andere Wesen und auf deren gleiche oder verschiedene Eigenschaften mit ihm, dem urteilenden Menschen. Will er nun mit Gewalt die vorhin genannte Übertragung vornehmen, so bliebe die bedingende Art des sozialen Lebens der Menschen — das Verbinden ihrer Bestrebungen — davon unberührt. Es würde der Gegenstand der Betrachtung, nämlich das gesellschaftliche Dasein als solches, nur zahlenmäßig vergrößert, aber nicht der Art nach geändert. Nach dieser letzteren bleibt es, eben als ein Zusammenwirken, notwendig unter der Methode der Zweckwissenschaft.

Die Lehre von der menschlichen Gesellschaft hat sich in neuerer Zeit mehrfach *Soziologie* genannt. Das Wort ist jedoch von manchen Schriftstellern in besonderem Sinne gebraucht worden; gleichbedeutend zum Beispiel mit Anthropologie, mit Geschichte der Philosophie, mit Beschreibung sozialer Tatsachen. Der Amerikaner WARD hat so nicht weniger als zwölf Bedeutungen jenes Ausdrucks zusammengestellt und hätte das noch vermehren können. Im besonderen bezeichnet aber *Soziologie* eine Richtung, die es unternimmt, das gesellschaftliche Dasein der Menschen nach naturwissenschaftlicher Methode zu behandeln. Dabei versucht man es mit der Aufstellung von *Naturgesetzen* des gesellschaftlichen Lebens, z. B. dem Gesetz von Angebot und Nachfrage, dem ehernen Lohngesetz, der Akkumulation des Kapitals u. a. m.

Hier ist übersehen, daß der Gegenstand der körperlichen Wahrnehmung und der Gegenstand der sozialen Betrachtung unter verschiedenen Erkenntnisbedingungen stehen. Die Sozialwissenschaft hat es mit Bestrebungen zu tun, die auf das zusammenstimmende Arbeiten vereinter Menschen gerichtet sind. Es kommt bei ihr auf den Inhalt solchen gemeinsamen Strebens an. Die wissenschaftliche Behandlung des verbindenden Willensinhaltes bedeutet die Aufgabe, diesen Inhalt menschlichen Wollens in einer unbedingt einheitlichen Art und Weise zu begreifen. Das kann aber nicht einfach in demselben methodischen Vorgehen geschehen, in dem körperliche Veränderungen, die wir wahrnehmen, einheitlich geordnet werden. So ist die Sozialwissenschaft, als Lehre von dem verbindenden Wollen und den dadurch bestimmten Bestrebungen, methodisch zu scheiden von der Naturwissenschaft, die, in der hier interessierenden Richtung der Gedanken, auf das Bestimmen der Materie, als des Beweglichen im Raume, abzielt.

Vergebens hat man nach einer Materie des sozialen Lebens gesucht, von der das letztere selbst bedingungslos abhängig wäre. Die materialistische Geschichtsauffassung tut dies bekanntlich in dem Hinweis auf die gesellschaftliche Wirtschaft. Von der Produktion, und nächst ihr von dem Umsatz der äußeren Güter, sei die rechtliche Regelung und die soziale Gliederung abhängig. Die soziale Wirtschaft bilde den Untergrund, über ihr erhebe sich ein rechtlicher und politischer Überbau.

In Wahrheit ist alle gesellschaftliche Wirtschaft nur unter der Voraussetzung einer bestimmten Rechtsordnung zu begreifen. Die letztere ist die logische Bedingung (nach altem Schulausdruck: *die Form*) der ersteren. Ein Zusammenwirken in seiner wirklichen Ausführung, das ist eine soziale Wirtschaft, ist ohne die bedingende Unterlage einer äußeren Regelung gar nicht denkbar. Läßt man zum Exempel die Einrichtung des Privateigentumes und des Vertrages in Gedanken weg, so haben alle Erörterungen über die Höhe von Preisen und Löhnen keinen Sinn mehr. Hiernach ist nicht die rechtliche Möglichkeit des Kaufens oder Mietens von dem tatsächlichen Abschlusse von Kauf- und Mietverträgen abhängig, sondern das gerade Gegenteil ist der Fall.

So stellt sich als der zentrale Begriff für die sozialwissenschaftliche Erkenntnis der des verbindenden Wollens heraus. Von seiner klaren Erfassung und rechten Handhabung hängt die zutreffende Beherrschung alles dessen ab, was sich unter der Aufgabe der sozialen Frage zusammendrängt. Von ihm aus, von der Verbindung menschlicher Zielstrebungen, führt erst der Weg zu dem, was rechte Gemeinschaft heißen kann.

Wir haben oben gesehen, daß Luther, wie viele andere, Neigung hatte, in allgemeineren Darlegungen das soziale Wollen mit der Aufgabe des Strafrechtes wiederzugeben. In der Praxis mußte er sich eindringlich davon überzeugen, daß solches zu eng ist. Diese Praxis trat ihm in politischen Fragen, wie auch in Aufgaben der Verwaltung und Rechtsprechung entgegen. Jenes besonders in bekannter Weise in den Wirren des Bauernkrieges, das andere in den Erörterungen über den wucherischen Handel oder auch über die Einrichtung des Kirchenvermögens und die Lage der Geistlichen und Kirchendiener. Vor allem ist er jedoch in unmittelbare Beachtung rechtlicher Fragen am Ende seines Lebens gelangt, als er im Beginne des Jahres 1546 zur Schlichtung von Streitigkeiten unter den Grafen von Mansfeld in das Schiedsgericht nach Eisleben berufen wurde.

Die genannten Grafen waren reichsunmittelbar. Es war ursprünglich eine reiche Familie gewesen. Durch stete Teilung des Besitzes und große Zahl der Nachkommen sank dieser Wohlstand allmählich. Schließlich waren sie ganz verschuldet. Besonders galt dies von dem Grafen GEBHARD, für den LUTHER eine besondere Vorliebe hatte, da jener ein weichherziger, frommer und guter Mensch war. Leider war er aber auch ein so schlechter Hausverwalter, daß er bei einem Einkommen von 12000 Gulden eine Schuldenlast von beinahe 400000 Gulden aufgehäuft hatte. Sein energischer Bruder, Graf ALBRECHT VII., bewirkte es, daß ihm die ganze Verwaltung von GEBHARDS Gütern übertragen wurde; alle Einkünfte und die Deckung der Schulden sollten ALBRECHT zufallen. Auch bemühte sich ALBRECHT in jeder Weise, dem Verfall seines Hauses entgegenzuarbeiten, wozu vor allem nötig war, neue Erwerbsquellen zu eröffnen. Er gründete die Neustadt Eisleben und verlieh ihr, ohne kaiserliches Privileg, das gesetzlich erforderlich gewesen wäre, das Stadtrecht. Er zog Bergwerke, die an bestimmte Familien als erbliche Lehen vergeben waren, sogenannte *Erbfeuer*, ein und machte sie zu *Herrenfeuern*. Durch derartige Maßnahmen kam er aber in Reibung mit seinen gräflichen Vettern. Und diese Zerwürfnisse nahmen an Zahl und Stärke zu, da die Grafen der einen Linie, die nach der Lage ihres Schlosses die *vorderortische* hieß, weiter zur katholischen Kirche hielten, während die übrigen zur Reformation übertraten.

So kam es zu dem erwähnten Schiedsgericht. Seine Durchführung ist die letzte Lebensarbeit LUTHERS gewesen. Die zu erledigenden Fragen wurden in zwei Teile zerlegt. Der eine betraf die Streitigkeiten über das Patronatrecht in Eisleben, besonders an der dortigen Andreaskirche. Sie waren nach dem Tode von KASPAR GÜTTEL, dem Reformator Eislebens, ausgebrochen und hatten teilweise zu Gewalttätigkeiten der Beamten gegen Kanzelinhaber geführt. LUTHER arbeitete mit seinem Freunde JUSTUS JONAS einen Vergleich aus, der am 16. Februar 1546 abgeschlossen wurde. Es sollte das Patronatrecht künftighin für manche Stellen gemeinsam ausgeübt werden, für andere wurde es unter die Grafen verteilt. Diese Ordnung des Patronatwesens hat dort längere Zeit bestanden.

Mehr Schwierigkeiten bereiteten die anderen rechtlichen Aufgaben, die uns doch recht klein vorkommen werden. Es handelte sich um das Marktgeld der Neustadt Eisleben an den Rat der Altstadt, um die Berechtigung, in der Neustadt Bier zu brauen oder es in bestimmter Weise zu vertreiben und auszuführen, um die Verwaltung und Nutzung der vorhin erwähnten Bergwerke, um die Regelung der gräflichen Vermögensverwaltung und Schuldentilgung. Es war sehr mühsam, über diese Punkte zu einer Einigung zu kommen. Aber freilich: Es gelang nicht immer, eine grundsätzlich überzeugende Begründung der einen oder der anderen Ansicht zu finden. *Stachliger als das stachligste Stachelschwein* nennt Luther in grollendem Humor die eine Frage. Und in einem Brief an seine Frau stellte er in Aussicht, daß er nach seiner Rückkehr nach Wittenberg einmal als Poltergeist unter die Juristen treten wolle, um ihnen zu zeigen, wie man eigentlich im Sinne prinzipieller Richtigkeit in rechtlichen Dingen urteilen müsse.

Es stand ihm in verneinender Hinsicht fest, daß als letzte und höchste Erwägung in Dingen des Rechtes die Paragraphen nicht genommen werden dürfen. Seine streitbaren Äußerungen gegen *die Juristen* verstehen sich gegenüber solchen, die gerade jenen Fehler begehen und nichts Besseres, als die technisch geformten Satzungen, kennen. Aber jeder Paragraph ist ja nur ein Versuch, im voraus festzustellen, was in einer künftigen Lage die richtige Entscheidung sein müßte. Und dieser Versuch kann aus mancherlei Gründen fehlschlagen: aus demnächstiger besserer Einsicht oder aus Änderung der begleitenden Umstände. Aber woran kann man nun messen und angeben, ob ein rechtliches Urteil grundsätzlich richtig ist?

Seit alten Zeiten treten die Bemühungen auf, ein *natürliches* Recht zu finden, das ewig und unveränderlich für alle Völker und Zeiten gelten müßte und den

Maßstab des positiven Rechtes abzugeben hätte. Es sollte mit der menschlichen Natur übereinstimmen. Aber diese angebliche Unterlage verflüchtigt sich bei näherem Zusehen in bloß physiologische Anlagen, die der Ausbildung zu einer rechten Art der Zwecksetzung erst noch bedürfen. Und alle rechtlichen Ordnungen verbinden die Menschen zu einem Wirken im Sinne gemeinsamen Arbeitens für bedingte Bedürfnisse; dieser Stoff der äußeren Regelung des Zusammenwirkens ist notwendig unstet und wechselnd, endlich und veränderlich und widerstreitet einer absoluten und allem Wandel entzogenen Festlegung, die doch wieder nach begrenzten und paragraphierten Sätzen geschehen würde.

In Eisleben verwies damals LUTHER, was manchen zunächst befremden könnte, als beste Autorität auf ARISTOTELES, insbesondere auf das fünfte Buch der Nikomachischen Ethik. Es sollte die ἐπιείκεια den Ausschlag geben, welches Wort LUTHER in der Bibel mit *Gelindigkeit* übersetzt hatte, während andere es mit *Billigkeit* wiedergaben. Aber es kann nicht zugegeben werden, daß ARISTOTELES hier eine genügende Auskunft erteilt habe. Er verwies auf *die verhältnismäßige Gleichheit*, als Ziel der austeilenden Gerechtigkeit. Das rechte Verhältnis habe nach *dem Werte* des einzelnen Bürgers zu geschehen. Das bestimme sich bald nach dem Reichtum, bald nach der Geburt und Familie, bald nach der Tüchtigkeit. Das bewegt sich im Kreise. Für die ausgleichende Gerechtigkeit, die bei der Ausübung des Richteramtes zu wahren ist, gibt es vollends überhaupt keine Auskunft.

Um hier zu einem abschließenden Ergebnis zu gelangen, müssen wir auf das Grundgesetz des menschlichen Wollens zurückgehen. Der Gedanke dieses Grundgesetzes besagt aber die Aufgabe, alle jemals denkbaren menschlichen Bestrebungen in Harmonie und Einheit zu erfassen und zu richten. Es kommt darauf an, über diese Möglichkeit — die den Begriff der grundlegenden Gesetzmäßigkeit ausmacht — sich in kritischer Besinnung klar zu werden. In diesem Zusammenhang können wir uns darüber kurz fassen.

Wenn man nämlich die so unendlich verschiedenen Willensinhalte aller Menschen in voller einheitlicher Art und Weise beurteilen soll, so bedarf es dazu einer Methode, die für jede beliebige Bestrebung gleichmäßig anwendbar ist. Kein besonderes Ziel ist imstande, ein solches unbedingt gültiges Richtmaß abzugeben. Das kann nur der Gedanke der Willensreinheit.

Wir denken uns als Maßstab für irgendein bedingt gegebenes Streben ein Wollen, das von den Besonderheiten gerade dieses begehrenden Menschen frei ist.

Dieses kommt in der begrenzten Wirklichkeit des menschlichen Erlebens in voller Erfülltheit niemals vor. Es ist, nach altem Sprachgebrauch, eine Idee, das heißt — eben in der bestimmten Bedeutung dieses Wortes —: ein Gedanke, der als ein fester Blickpunkt nur vor uns steht, als ein leitender Stern, den wir nicht erreichen können, nach dem wir uns jedoch in den Fährlichkeiten dieses Daseins richten sollen. So stellt die Idee des reinen Wollens eine Aufgabe, die niemals restlos gelöst werden kann, und der doch unausweichlich nachzugehen ist, soll anders Einheit und Ordnung in dem bunten Inhalte der geschichtlich bedingt entstehenden Bestrebungen walten.

Sieht man sich nach Hilfsmitteln um, *das allgemeine Gesetz der Freiheit*, wie es im Jakobusbrief genannt wird, in der Praxis zu bewähren, so sind in allgemeingültiger Weise die beiden Arten des menschlichen Sehnens und Strebens festzuhalten, die wir oben besprachen: das Innenleben mit seinen wünschenden Gedanken und das Zusammenwirken unter der Bedingung des verbindenden Wollens.

Für jenes winkt das Ziel der Harmonie des eigenen Gemütes, der innere Friede, dessen leitende Anweisung das Gebot der Lauterkeit ist. Hier gilt es, dem Grundsatz der Wahrhaftigkeit vor sich selbst nachzuleben und nach der Vollkommenheit zu streben, die niemals eine Einzelheit in den Mittelpunkt unseres Daseins stellen läßt. Hierfür finden wir wiederum die nötige und genügende Anleitung in den gut verständlichen Sätzen der Bergpredigt. Wir brauchen darüber an dieser Stelle nichts Näheres auszuführen. Nur die Eigenart der dortigen Lehren gegenüber sozialen Satzungen darf im Vorbeigehen erwähnt werden. Der berühmte Satz von dem Hinhalten auch der rechten Wange, so man auf die linke geschlagen ist, und die übrigen Anweisungen, die darin gipfeln, daß man *dem Übel nicht widerstreben* solle, dürfen ja nicht im Sinn äußerer Regelung aufgenommen werden. Es sind keine Artikel und geformte Satzungen für die soziale Frage, es sind Richtlinien der Gedanken. Indem sie sagen, daß keine Einzelheit, kein äußeres Gut so hoch einzuschätzen ist, daß man bei seinem Verlust sich ganz und gar zerschmettert fühlen dürfe, dienen sie der Reinheit des Gemüts in dem Innenleben, das jeglicher mit sich zu führen hat.

Dagegen kommt es für das Zusammenleben mit anderen auf den Inhalt des sie verbindenden Wollens an. Es ist jetzt nicht mehr eine Summe von Einzelentschließungen, die in Frage steht, sondern die eigene Weise des besonders gearteten Wollens, das die Zwecke der dadurch Verbundenen als Mittel für einander setzt. Wendet man auf das verbindende

Wollen den Gedanken der Willensreinheit an, so vollzieht sich das in der Idee einer reinen Gemeinschaft. Da in der Verbindung ein jeder in seinem Wollen als bedingtes Mittel für den andern genommen wird, so darf das im Sinne der richtenden Idee nicht stärker geschehen, als er das gleiche in seinem Verbundensein zurückerhält. Es soll ein jeder als Gemeinschafter geachtet werden und teilnehmen, also, daß er nicht als ein bloßes Mittel für das subjektive Begehren des andern eingesetzt wird. Das ist der Gedanke der Gerechtigkeit, wie er von alters her den Menschen vorgeschwebt hat. Er erhebt ihr Zusammenleben, das begrifflich als eine *Verbindung* zu kennzeichnen ist, zu der idealen Art der *Gemeinschaft*.

Es ist, wiederholen wir, die Anwendung der Richtlinie von dem reinen Wollen auf das begrifflich abgeteilte verbindende Wollen. Selbständig steht diese Anwendung neben derjenigen, die aus der Willensreinheit auf das Innenleben zu ziehen ist. Sie ist zugleich das, was wir seit etwa hundert Jahren in besonderer Betonung *die soziale Frage* nennen, — das ist: das Streben nach richtigem Recht!

Aber es handelt sich bei dieser Zweiteilung auch nur um die Bewährung des einen einigen Grundgesetzes des menschlichen Wollens. Erst bei dem Abstieg von dem Gipfel dieser einheitlich geschlossenen

Gesetzmäßigkeit alles Strebens zu den besonders gesetzten Aufgaben stellt sich die allgemeine Einteilung der möglichen Zwecksetzung — nach Innenleben und nach Zusammenleben — wieder ein. Und wenn wir für die rechte Lenkung der wünschenden Gedanken in der Lehre von Jesus die besonders eindringliche Vermahnung finden, so erscheint das Suchen nach der sozialen Gerechtigkeit im alten Testament schon ausgebildet. Es wird wenige Preisungen und Verheißungen ihrer geben, die in der Wärme der Empfindung und in der Kraft des Ausdrucks vornehmlich mit den Worten des JESAIAS (32, 17 f.) wetteifern können: *Und der Gerechtigkeit Frucht wird Friede sein, und der Gerechtigkeit Nutz wird ewige Stille und Sicherheit sein, daß mein Volk in Häusern des Friedens wohnen wird, in sicheren Wohnungen und in stolzer Ruhe.*

Wie aber verhält sich nun zu alledem die Liebe? Ist das Gebot der Nächstenliebe, wie es im Alten Bund schon auftrat und im Neuen Testament ausgebaut wurde, von gleicher Bedeutung, wie die eben besprochenen Gedankengänge der inneren Lauterkeit und der äußeren Gerechtigkeit?

Es wird aufgefallen sein, daß in den von uns angezogenen Äußerungen LUTHERS die Liebe nicht im Sinn des bedingenden Merkmales für richtiges rechtliches Wollen genannt wurde. Er nahm als dieses Merkmal ja die Billigkeit oder Gelindigkeit, die ἐπιείκεια nach dem Vorgang des Aristoteles, und lehnte es ab, daß man die Welt nach dem Evangelium regieren könne. Diese Verneinung ist sachlich wohl begründet. Wir haben ihr aber nun die positive Ergänzung zu geben.

Die begriffliche Klarstellung des sozialen Ideales, mit der Begründung der Möglichkeit eines richtigen Rechtes, hat nicht auf *die Liebe* zurückzugehen. Und doch bildet sie, die Liebe, die Krönung des ganzen Baues, den wir in Gedanken hier errichten.

Damit hat es diese Bewandtnis.

Die wissenschaftliche Untersuchung unserer Fragen hat die Möglichkeit darzulegen, den Inhalt unseres Bewußtseins objektiv richtig zu gestalten. Das gilt von dem Inhalt der äußeren Eindrücke, wie von dem der Bestrebungen der Menschen. Aber wenn es glückt, so haben wir damit immer nur die Möglichkeit des richtigen Erkennens und Wollens erhalten. Daß davon auch Gebrauch gemacht wird, das vermag die Wissenschaft in ihrer Eigenart nicht zu erreichen. Sie kann nie beweisen, daß man sich um das Richtige bemühen müsse. Sobald es jemand verschmäht, die Betrachtung der Natur und die Erwägung seiner Zwecke in wissenschaftlich begründeter Weise vorzunehmen, so kann aus der wissenschaftlichen

Lehre selbst kein Gegenbeweis hergenommen werden. Auf die Frage: Weshalb soll ich sollen? — gegen den Zweifel: Wozu Gerechtigkeit üben und objektive Richtigkeit, ohne subjektiven Vorteil, pflegen — gibt die Wissenschaft keine Auskunft. Dieses gehört zu der Zuständigkeit der Religion.

Zu ihrem Beruf zählt es, die Hingebung an das Richtige zu wecken, zu fördern und zu stärken. Ihr ist das eine Folge aus der Versenkung in das Absolute, aus dem Vertrauen auf göttliche Ordnung. Sie betont das notwendige Gefühl, *daß wir uns unserer selbst* — um mich der Formel SCHLEIERMACHERS zu bedienen — *als schlechthin abhängig, oder, was dasselbe sagen will, als in Beziehung mit Gott bewußt sind.* Und in dem Zuge nach dem vollkommenen Abschluß, den die Wissenschaft nicht erfüllen kann, will sie, die Religion, in dem Menschen den Enthusiasmus für das Gute entflammen. Das drückt sich in der *Liebe zu Gott* aus, die in vertrauender Hingebung jene Überbrückung des Gegensatzes im Wollen und im Vollbringen ersehnt, die der Mensch aus eigener Kraft nicht leisten kann; — und in dem Gebote, *den Nächsten zu lieben, wie sich selbst*, als dem barmherzigen Entschließen, sich ihm gegenüber richtig zu verhalten.

So liegt in der Bezugnahme auf *die Liebe* nicht die methodische Kennzeichnung des Begriffes *Gerech-*

tigkeit — aber doch *die Erfüllung des Gesetzes* —, da sie zu dem festen und immerwährenden Wollen nach reiner Gemeinschaft begeisternd und anfeuernd hinführt.

Deutlich müssen die zwei Aufgaben, die wir nannten, in allen Bestrebungen zutage treten, die das christliche Lebensziel in der sozialen Frage zu betätigen gedenken. Als eindringliches Beispiel kann die Wirksamkeit von Viktor Aihmé Huber angeführt werden, als er vor bald siebzig Jahren in Wernigerode genossenschaftliche Unternehmungen in das Leben rief. Ihm schwebte eine Organisation der Sozialwirtschaft vor, bei der der Gemeinschaftsgedanke die bestimmende Richtlinie abgäbe. Aber er hob auch stets hervor, daß ein christlich-evangelisches Gefühl der Bruderliebe einem gerecht einrichtenden sozialen Wollen die Weihe und Kraft erst erteilen müsse.

Recht und Religion.

Religion ist (subjektiv betrachtet) die Erkenntnis aller unserer Pflichten als göttlicher Gebote.

Kant, Die Religion innerhalb der Grenzen der bloßen Vernunft, IV 1.

Wir haben in den seitherigen Ausführungen eine Kennzeichnung des Verhältnisses von rechtlicher Betrachtung und religiösem Empfinden vorgenommen.

Wir können die Scheidung nicht in dem Stoffe bedingter Inhalte von menschlichem Wollen und Tun finden, so daß die Handlungen der Menschen in zwei Klassen zerfielen und entweder dem Rechte oder der Religion zugehörten. Sondern alles Wollen, und hier dasjenige, das sich auf das Zusammenwirken bezieht, untersteht beiden Richtungen des Bewußtseins. Der Unterschied ist nur der: ob man den Blick ausschließlich auf die bedingte Zwecksetzung und ihre mögliche grundsätzliche Richtigkeit lenkt, oder ob die Hingabe an das absolut leitende und richtende Prinzip als solche in Frage steht.

Es war eine mehr urwüchsige und sinnenfällige Ausdrucksweise, wenn das Mittelalter die Lehre von den zwei Schwertern aufstellte, von der weltlichen und geistlichen Obrigkeit, die in dem Kaiser und dem Papste ihre Spitze hätten. In Wahrheit kann es sich hier nur um verschiedene Grundarten des Denkens handeln, die in dem Unterschiede von Recht und Religion auftreten, nicht aber um bestimmte Organisationen, die angeblich gleichmäßig neben oder auch in der äußeren Rangordnung übereinander stehen und nun — wieder in stofflich bedingter Zufälligkeit — über die eine oder die andere Klasse menschlicher Willensinhalte das Wort zu führen hätten.

Wir halten danach fest: Soweit es sich um verbindendes Wollen und um die Möglichkeit seiner Richtigkeit handelt, haben wir es mit rechtlichen Bedenken zu tun, — falls die grundsätzliche Hingebung an das Richtige in Frage steht, ist es der Religion zuzurechnen. In diesem Sinne ist *dem Kaiser zu geben, was des Kaisers ist, und Gott, was Gottes ist,* — nicht gerade in der Meinung, daß es *zwei Sphären* sind, in denen man sich bewege (so FEINE, Evangelium und Krieg (1916) 37, vgl. 11), vielmehr des Sinnes: daß der Zweifel, ob ein bestimmtes menschliches Wollen rechtliche Richtigkeit besitze, nicht mit der göttlichen Frage nach dem Urgrund des Richtigen überhaupt zu vermengen sei.

Wenn sonach die besprochene Unterscheidung die Richtungen betrifft, in denen sich die Gedanken über den gleichen Gegenstand bewegen können, so treten wohl zuweilen zwei oder mehr Menschen sich gegenüber, von denen jede Seite der einen Richtung einseitig und ausschließend ihre Aufmerksamkeit zuwendet. Dann entsteht ein Gegensatz, der als ein solcher zwischen Recht und Religion, im besonderen zwischen Staat und Kirche erscheint, in Wahrheit aber nicht in der Sache begründet ist. Er besteht entweder in einer Verschiedenheit der Ansichten über das rechte Prinzip in der einen oder in der anderen Richtung der Gedanken, also darüber, was gerade als oberste Aufgabe des Rechtes zu nehmen sei, vielleicht auch, in welchem Sinne die Religion vorzugehen habe; es liegt also ein Streit nicht zwischen den beiden Denkweisen, sondern innerhalb der einen oder der anderen von ihnen vor. Oder aber: es führt sich die Meinungsverschiedenheit auf die soeben erwähnte Einseitigkeit zurück. Jenes erste mochte vornehmlich in den früheren Kämpfen von Papsttum und Kaisertum zu beobachten sein, soweit sie auf grundsätzliche Gegnerschaft zurückgingen; das zweite kommt mehr in der neueren Zeit vor.

In der Tat sind jedoch beide Weisen des Erwägens notwendig verbunden. Keine kann ohne die andere auskommen, wenn anders folgerichtig gedacht sein soll. Die Darlegung der möglichen Gesetzmäßigkeit eines Wollens bleibt unvollständig und hilflos, wenn nicht für die Hingebung an das Richtige gesorgt wird; und die bloße Beschränkung auf die letztere müßte ihren Gegenstand einbüßen, wenn nicht die Bedingungen der Richtigkeit eines gegebenen Strebens eingesehen und ihre mögliche Umsetzung in die begrenzte Wirklichkeit erkannt würden.

Es wird nun darauf ankommen, diese kritische Klärung in der Praxis zu verwerten. Wir haben sonach in jedem einzelnen Streitfall zu prüfen: welche der beiden Gedankenrichtungen in einer gerade aufgeworfenen Frage zur Erwägung steht. Ist es die rechtliche Betrachtung, so sind die einschlägigen Rechtsbestimmungen anzuwenden, — handelt es sich um die religiöse Aufgabe, so sind allein die daraus veranlaßten Folgerungen zu ziehen.

Ein lehrreicher Rechtsstreit war dieser (RG. 57, 250):

Eine Ehe war vom Landgericht geschieden, der Mann für den schuldigen Teil erklärt worden. Er legte Berufung ein. Vor ihrer Erledigung kam ein Vergleich zustande. Nach ihm wurde die Berufung zurückgenommen; die vermögensrechtlichen Ansprüche und die Kostenfrage wurden geregelt. Und dazu bestimmt: Der Mann verpflichtet sich, in die rituelle Scheidung zu willigen und die nach den Vorschriften des mosaischen Gesetzes erforderlichen diesbezüglichen Erklärungen auf Verlangen der Frau abzugeben.

Die darüber gepflogenen gerichtlichen Verhandlungen lehrten, daß der Kernpunkt des jüdischen Ehescheidungsverfahrens die Ausstellung und Aushändigung des Scheidungsbriefes nach Mose 5, 24 sei. Dies erfolge vor versammeltem Rabbinatskollegium, gewöhnlich aus dem Ortsrabbiner und zwei kundigen Beisitzern bestehend, das die Wahrung der Formalitäten überwache. Eine Beurkundung der Akte stehe dem Kollegium nicht zu. Nur dem Manne stehe die Ausstellung eines Scheidebriefes, aber — seit etwa 800 Jahren — nicht gegen den Willen der Frau zu. Der Brief werde auf Verlangen des Mannes von einem Schriftkundigen in hebräischer Sprache geschrieben und von zwei Zeugen, aber nicht von dem Manne selbst, unterschrieben. Der Mann übergebe den in herkömmlichem Wortlaut abgefaßten Brief der Frau mit den Worten: *Dies ist Dein Scheidebrief, nimm ihn an, und durch ihn wirst Du frei sein jedem Mann.* Die Frau nehme ihn mit hochgehobenen Händen entgegen. Werde der Scheidebrief in der vorgeschriebenen Form nicht übergeben, so gelte die Ehe als fortbestehend. Ob die Vorschriften des jüdischen Gesetzes über die Ehescheidung — fügten die beiden als Sachverständige gehörten Rabbiner bei — rituellen, religiösen Charakters oder Vorschriften des Ehescheidungsrechtes seien, sei schwierig zu beantworten, da diese Vorschriften aus einer Zeit stammten, wo Recht und Religion noch nicht unterschieden worden seien, wie jetzt.

In dem fraglichen Fall erfüllte der Ehemann seine sonstigen Verpflichtungen, weigerte sich aber, den besprochenen Scheidebrief auszustellen. Die Frau beantragte, ihn durch Geldstrafen zur Erfüllung der übernommenen Verpflichtung anzuhalten; dagegen erhob der Mann Klage, daß der Teil des Vergleiches, der sich auf die rituelle Scheidung beziehe, für nichtig erklärt werde, weil in der Zwangsvollstreckung aus jenem Vergleich ein unzulässiger Gewissenszwang für ihn liege.

In den beiden ersten Instanzen wurde die Klage abgewiesen. Sie verneinten es, daß die vom Kläger abzugebende Erklärung für diesen einen Widerspruch mit seiner Überzeugung als der eines sogenannten Freigeistes enthalte und ihn zum Heuchler machen würde. Es handle sich um einen Akt, der im wesentlichen rechtlicher Natur sei, gewissermaßen ein Akt der freiwilligen Gerichtsbarkeit, da er unabhängig von dem Glauben an Gott und dem Bekenntnis zu Gott und frei von Andacht und Gebet sei.

Dagegen gab das Reichsgericht der Klage nach und erklärte den abgeschlossenen Vergleich für nichtig und die Zwangsvollstreckung aus diesem Vergleiche zur Erzwingung der Einwilligung des Klägers in eine rituelle Scheidung der Parteien für unzulässig. Durch die heutige deutsche staatliche Ehegesetzgebung sei der ganze rechtliche Gehalt, der in den Vorschriften der verschiedenen Religionsgemeinschaften über die Ehe enthalten war, völlig ausgeschöpft worden. Alle Vorschriften über die Ehe, die nicht auf dem Gebiete der staatlichen Gesetzgebung liegen, seien — aus jenem Grunde — nicht rechtlicher Natur. *Wenn sie diesen Charakter auch früher gehabt haben mögen, jetzt haben sie ihn völlig verloren.* Sie stellen gegenwärtig, wenn sie noch festgehalten werden, lediglich Akte religiöser Wesensart dar. Deshalb entziehe sich die Durchführung dieser Akte dem Arm des Staates. Die Parteien hätten im vorliegenden Falle etwas rechtlich Unmögliches vereinbart.

Diese Ansicht unterliegt bei methodischer Kritik den größten Bedenken.

Ob eine bestimmte Anweisung dem Gebiet der Religion angehört, das kann niemals durch ein einzelnes Staatsgesetz entschieden werden. Das Wesen der Religion steht ein für allemal fest. Es ist einzigartig und von dem Begriffe des Rechtes in allen seinen

Bedingungen getrennt. Es ist eine Frage geläuterter Lehre, was nach dem allgemeinen Sinn der Religion ihr zufällt; und nur aus dem Gedanken dieser Aufgabe der Religion hätte auch in unserem Fall das Verlangen auf Erteilung eines Scheidebriefes geprüft werden müssen.

Wohl kann in verschiedenen Zeiten der Geschichte religiöse Hingebung zu rechtlichen Einrichtungen hinzutreten, ihnen eine besondere Weihe geben oder versagen, aber dann bleiben doch jene rechtlichen Unterlagen eben als Fragen des Rechtes bestehen.

Rechtliches Wollen liegt nun nicht bloß dann vor, wenn eine Leistung wegen eines technisch geformten Staatsgesetzes gefordert wird, sondern auch dann, wenn solches auf Grund eines Rechtsgeschäftes geschieht. Wenn nun die heutige staatliche Gesetzgebung die bürgerliche Ehe in abgerundeter Geschlossenheit geregelt hat, so ist damit allein über die Zulässigkeit rechtlich bindender Verträge über Leistungen, die im Gesetze nicht genannt sind, noch gar nichts gesagt. Es kommt hier auf die Grenzen der Vertragsfreiheit an. Ein Vertrag ist nichtig, der auf eine unmögliche Leistung gerichtet ist (BGB. 306). Dies liegt hier nicht vor, auch nicht im Sinn einer rechtlichen Unmöglichkeit. Die beiden Parteien hatten in einem Rechtsverhältnis miteinander gestanden und waren noch im Vergleich juristisch verbunden. Die Leistung, die der vormalige Ehemann vornehmen sollte, war nicht wesentlich als eine göttlich gebotene verlangt, sondern als äußerliche Handlung beansprucht, die — wie das Reichsgericht zugibt — eine innere Anteilnahme des Mannes nicht erforderte.

Auch lag kein Grund vor, das abgegebene Versprechen deshalb für nichtig zu erklären, weil es gegen gesetzliches Verbot (BGB. 134) oder gegen *die guten Sitten* (BGB. 138) verstoßen hätte. Das erste würde sich auf eine rechtliche Sonderbestimmung berufen müssen, die es hier nicht gibt; das zweite entfällt begründetermaßen gleichfalls. Freilich ist es nicht günstig, wenn man sich bei dem angeführten Verlegenheitsausdruck der *guten Sitten* einfach auf ein dunkles Meinen verlassen wollte, man weiß nicht, von wannen es kommt, und was es eigentlich sei. Und es hilft die Umstellung in *unsittliche* Rechtsgeschäfte auch nichts; denn entweder bedeutet hier das Wort *sittlich* soviel, wie Frage des Innenlebens, im Gegensatz zu sozialem Dasein, dann wäre die Forderung *der Sittlichkeit* von Rechtsgeschäften überhaupt auf einen falschen Weg gelangt; oder aber es besagt *sittlich* soviel wie *richtig*, dann erhebt sich ja gerade die Frage, woran man diese Eigenschaft erkennen und darlegen kann. Hier ist sonach nur möglich, auf das Merkzeichen des sozialen Ideales, den richtenden Gedanken reiner Gemeinschaft, zurückzugehen. Es ist dann ein Rechtsgeschäft grundsätzlich verwerflich, wenn ihm zufolge der eine als bloßes Mittel zu subjektivem Begehren des anderen behandelt werden würde, ohne im Sinn des Gemeinschaftsgedankens in jener Sonderverbindung seine eigenen Zwecke gewahrt zu sehen. Das ist in dem nun hier erledigten Tatbestand nicht gegeben. Es war die Sühne einer Schuld und eine Genugtuung für den unschuldigen Teil, die objektiv gerechtfertigt war und die Eigenart der Form den bedingten Richtlinien des Lebens jener Beteiligten ohne besonderen Druck entnahm.

Anders, als in dem seither besprochenen, lag die Sache in folgendem Falle, dessen Tatbestand in der *Christlichen Welt* vom 8. 6. 1916 mitgeteilt wird.

Eine Bauernmagd hatte auf Geheiß ihres Dienstherrn an einem Bittgang für Segnung der Fluren teilgenommen. Auf dem Rückweg wurde sie durch einen Blitzstrahl betäubt. Infolgedessen stellte sich eine Gelenkentzündung ein. Die Kranke erhob Entschädigungsansprüche, weil ein Betriebsunfall vorliege. Die Berufsgenossenschaft lehnte den Anspruch ab, da es sich bei dem Bittgang um eine religiöse Betätigung gehandelt habe. Das zuständige Oberversicherungsamt verurteilte dagegen zur Rentenzahlung. Es seien auch wirtschaftliche Gründe, die den religiös denkenden

Landwirt veranlassen, dem Bittgang nicht fern zu bleiben und auch aus seinem Betrieb einen Dienstboten zu entsenden. Die Auffassung, daß die Beteiligung am Bittgang eine landwirtschaftliche Betriebstätigkeit bedeute, werde daher nur dem allgemeinen religiösen Empfinden gerecht. Aber auch ohne das würde die Verletzte einen Versicherungsschutz aus der Reichs-Versicherungsordnung 924 in Anspruch nehmen können, weil sie bei *anderen Dienstleistungen*, zu denen sie von dem Betriebsunternehmer auf Grund des Arbeitsverhältnisses herangezogen wurde, den Unfall erlitten habe.

Nach genauer Unterscheidung der rechtlichen und der religiösen Frage dürfte die jetzige Angelegenheit aber nur dem letztgenannten Gebiet zuzuweisen sein.

Der gläubige Landwirt, der für seine Fluren den Segen des Himmels erfleht, setzt sich nur von sich aus mit der Gottheit in Beziehung. Es ist eine vertrauende Bitte an den allmächtigen Schöpfer, dem er den Ertrag seiner Arbeit befiehlt. Es gipfelt in der Hingebung an die Macht, deren Gebote er als göttliche Pflichten erkennt und anerkennt.

Dagegen handelt es sich hier nicht um den Inhalt eines verbindenden Wollens, durch das er mit anderen im Betriebe der Landwirtschaft zusammengefügt ist. Es werden weder ihm für diesen besonderen Zweck andere Menschen rechtlich verknüpft, noch auch erscheint er seinerseits in jenem Sonderziel als Mittel für andere. Das geschieht auch nicht durch die Gemeinsamkeit des Bittganges oder durch die Teilnahme von Dienstboten daran. Denn für die Eigenart jenes ist das gemeinsame Gebet zu Gott wesentlich, und es kam in der vorgelegten Streitsache nicht auf die Weise der Vereinigung an, die für sich natürlich rechtlich bestimmt war. Wenn aber die Magd ihr Gebet mit dem des Landwirtes vereinte, so war dieses Erbitten der gnädigen Hilfe Gottes von religiöser Art und nicht eine *andere Dienstleistung*, die sie dem Vermögen des Betriebsunternehmers im Rechtssinne zugewandt hätte.

In einer eigentümlichen Weise findet sich seit alten Zeiten die religiöse Empfindung in das rechtliche Gebiet hineingezogen in dem Eid. Er geschieht als Beteuerung der allgemeinen Hingebung an richtiges Wollen, die nun in dem besonderen Fall bewährt wird. Gegen diese Beteuerung der eigenen Wahrhaftigkeit ist an sich nichts einzuwenden, doch nicht jede Art des Schwörens, die von früher überliefert war, ist zu verteidigen (s. MATTH. 5, 34—38). Das Gesetz verlangt dabei Einsicht in das Wesen und die Bedeutung des Eides und stellt ein Alter der Eidesmündigkeit mit 16 Jahren sowie andere Voraussetzungen einer beeidigten Vernehmung fest (ZPO. 393). In einem Prozesse, der in erster Instanz vor dem Konsulargericht Tientsin verhandelt war, entschied das Reichsgericht, daß Chinesen als eidesunfähig anzusehen sind (RG. 85, 76). Das Schwören kommt im heutigen Recht aber nicht nur in Prozessen vor, als Eid der Parteien, Zeugen und Sachverständigen, sondern auch als Offenbarungseid in der Zwangsvollstreckung und bei Inventarerrichtungen, Rechnungslegungen u. dgl. Bis hierher handelt es sich um einen bestätigenden Eid dahin, daß nach bestem Wissen und Gewissen der Schwörende bei der Wahrheit bleibe. Daneben besteht der versprechende Treueid bei dem Soldaten und dem Inhaber eines weltlichen oder geistlichen Amtes, auch bei dem Vormunde und Familienrat in der Form eidesstattlicher Versicherung. Dagegen ist es außer Brauch gekommen, den Eid als Bestärkungsmittel privatrechtlicher Geschäfte zu benutzen, wie es in früheren Rechten vielfach vorkam. So brauchte nach römischem Rechte eine Frau, die eine fremde Schuld als ihre eigene übernommen, z. B. sich verbürgt hatte, das Versprochene nicht zu bezahlen, außer wenn sie es eidlich bestärkt hatte; die Willenserklärungen von Minderjährigen über vierzehn Jahre wurden durch ihren Eid gültig u. a. m. Uns ist dieser Gebrauch des Eides im Privatleben so fremd geworden, daß gerade umgekehrt nach ziemlich konstanter Praxis des Reichsgerichts die Verpfändung des Ehrenwortes in einem vermögensrechtlichen Vertrage diesen Vertrag völlig nichtig macht (bes. RG. 78, 258). Das ist nach den oben angegebenen Grundsätzen über die Grenzen der Vertragsfreiheit wohl berechtigt; denn es übt einen zu starken Druck auf den Schuldner aus, den es auch bei ganz unverschuldetem Nichtleisten mit einem Makel behaftet. Im Militärstrafgesetzbuch 159 ist freilich der Bruch des Ehrenwortes durch einen Kriegsgefangenen mit Todesstrafe bedroht.

Wenn so das Recht in der Einrichtung des Eides die Gewalt des religiösen Gefühls für sich benutzt hat, so hat es sich im allgemeinen Inhalt seiner Satzungen davon unabhängig zu machen gesucht. Nach den bekannten Bestimmungen im Westfälischen Frieden und im Artikel 16 der Deutschen Bundesakte gründet sich der heutige Rechtszustand auf das Reichsgesetz vom 3. Juli 1869: *Alle noch bestehenden, aus der Verschiedenheit des religiösen Bekenntnisses hergeleiteten Beschränkungen der bürgerlichen und staatsbürgerlichen Rechte werden hierdurch aufgehoben.* Das Gesetz fügt noch hinzu, daß insbesondere die Befähigung zur Teilnahme an der Gemeinde- und Landesvertretung und zur Bekleidung öffentlicher Ämter vom religiösen Bekenntnis unabhängig sein soll. (Vgl. noch ALR. II 11, 1. Preuß. Verf. 12.) Daß die Fähigkeit zu Ämtern in kirchlichen Gemeinschaften damit nicht berührt wird, ist selbstverständlich. Die herrschende Lehre nimmt das Gleiche auch für die Anstellung an bestimmten einzelnen Anstalten an und erachtet den Artikel 4 der Hallischen Universitätsstatuten noch in rechtlicher Kraft: *Der ursprünglichen Stiftung gemäß sind bei der Universität Halle-Wittenberg nur Lehrer und Beamte evangelischer Konfession zuzulassen und anzustellen.*

Auch für Privatvereine, die sich religiösen Zwecken widmen, hat unser Recht besondere Vorschriften. Sie beziehen sich auf die Erlangung der juristischen Persönlichkeit. Solche Vereine, wie Brüderschaften, Bibelkränzchen, können rechtsfähig werden, wenn sie sich in das Vereinsregister des Amtsgerichtes eintragen lassen. Die Verwaltungsbehörde kann gegen einen darauf gerichteten Antrag binnen sechs Wochen Einspruch erheben; in Preußen ist hierfür zuständig der Landrat, in den Städten die Ortspolizeibehörde, die Entscheidung ist von dem Bezirksausschuß zu fällen (BGB. 61, vgl. 43; AV. z. BGB. 3). Verschieden davon werden wieder *Religionsgesellschaften* behandelt, ebenso wie Klöster, Stifte, Orden, die nach dem Sprachgebrauch des preußischen allgemeinen Landrechtes von 1794 (II, 12) als *geistliche Gesellschaften* bezeichnet werden. Sie können Rechtsfähigkeit nur im Wege der Gesetzgebung erlangen (EG. z. BGB. 84; preuß. Verf. 13). Das ist geschehen bei den Herrenhutern, Böhmischen

Brüdern, Niederländisch Reformierten, Mennoniten, Baptisten und durch Gesetz vom 23. Mai 1908 für die von der Gemeinschaft der evangelischen Landeskirche sich getrennt haltenden Lutheraner. Auch die Synagogengemeinden der Juden zählen hierher. Ein Zweifel über die Eigenschaft einer *Religionsgesellschaft* wird im gegebenen Fall für die letztgenannte Frage kaum entstehen. Sollte für die vorher genannten Privatvereine eine Meinungsverschiedenheit darüber auftreten, ob ein *religiöser* Zweck verfolgt wird, z. B. bei Jünglings- und Jungfrauenvereinen, christlichen Studentenvereinigungen, so ist sie im Sinne der hier gemachten Ausführungen über Begriff und Bedeutung der Religion unschwer zu erledigen.

Es ist somit in allen derartigen Fragen das selbständige Vorgehen des Rechtes gar nicht zu verkennen. Es erfüllt den ihm eigenen Beruf, indem es bei der Regelung des Zusammenlebens auf die im letzten Grund bewegenden Gefühle der in ihm Verbundenen Rücksicht nimmt.

Das hält das Recht auch fest, wenn das Strafgesetzbuch im elften Abschnitt von *Vergehen, welche sich auf die Religion beziehen*, seine Paragraphen aufstellt (StGB. 166—168, vgl. 243, 1; 304 u. 306). Es betrifft vor allem die Strafbarkeit der Gotteslästerung, sowie die öffentliche Beschimpfung einer Kirche oder ihrer Einrichtungen und Gebräuche. Es ist nicht an dem, daß unsere Rechtsordnung sich damit auf den Standpunkt der so geschützten kirchlichen Einrichtungen stelle. Sie folgt vielmehr lediglich ihrem Grundgedanken, ihr verbindendes Wollen im Sinne reiner Gemeinschaft auszugestalten. Dazu gehört aber, daß jeder den andern, der dem objektiv Richtigen in seiner Weise nachstrebt, im rechtlichen Sinne achtet und dessen auf das Gute gerichteten Gefühle äußerlich nicht verletzt, auch da nicht, wo er das Streben jenes, der es grundsätzlich gut meint, für irrig erachtet. Andernfalls erfährt man eine Verkennung des Gedankens, daß es sich um ein wechselseitiges Achten handelt, das nicht nach der Ansicht des einen von ihnen einseitig verletzt werden darf, so lange der andere Teil nach seinem besten Willen das Rechte sucht. Es wird dann übersehen, daß nur die schuldige Rücksichtnahme auf den Gemeinschafter in Frage steht, aber nicht der Inhalt der jeweils verschieden aufgestellten Lehren. Es ist eine rechtliche Erwägung, die es begründetermaßen ablehnt, daß gegen den idealen Gemeinschaftsgedanken der eine rechtlich Verbundene in seiner Hingabe an den vollkommenen Abschluß seines Daseins und Wirkens von dem Träger einer abweichenden Grundauffassung äußerlich gekränkt und danach rechtswidrig geschädigt wird.

Sobald es sich nun aber um eine Frage handelt, die nach systematischer Kritik als eine rechtliche Aufgabe aufzunehmen ist, so hat ihre inhaltliche Führung im Sinne des sozialen Ideales zu geschehen. Es kann dann nicht gespart werden, daß die grundsätzlich richtige Entscheidung nach methodischer Einsicht stets neu aufgenommen wird. Der bloße Umstand allein, daß seit alten Zeiten ein bestimmter äußerer Brauch von einer religiösen Gesellschaft geübt worden ist, kann nicht genügen, um ihn — der der sozialen Erwägung nach der Idee des Rechtes angehört — in seinem Inhalte bereits grundsätzlich zu rechtfertigen. Unter diesem Gesichtspunkt ist das *Schächten* zu beurteilen, das die Fesselung und Niederwerfung des zu schlachtenden Tieres und sein langsames Ausbluten erfordert. Das Kammergericht hat schon vor längeren Jahren eine Polizeiverordnung für gültig erklärt, die in näherer Ausführung vorschreibt, daß Vieh nur nach Betäubung mittels Kopfschlages geschlachtet werden darf (Ges. u. R. 7, 319). In der Schweiz ist sogar durch Volksabstimmung im Jahre 1893 das Verbot des *Schächtens* in die Verfassung der Eidgenossenschaft aufgenommen worden. Wenn die juristische Ausführung zu dem zitierten Gerichtsurteil auch die Gefahr des Losreißens nicht betäubter Tiere für Menschen betonte, so kann das doch höchstens nebenher in besonders gearteter Lage in Betracht kommen. Dagegen ist unrichtig, wenn dort gemeint war, daß mitleidige Betrachtungen, die das Tier vor jedem unnötigen Schmerz und vor allen Quälereien bewahren, für die Entscheidung des Gerichts nicht maßgebend sein konnten. Das Gegenteil ist richtig. Freilich nehmen wir ein rechtliches Wollen bloß für den Menschen an und nur zwischen ihnen bestehen Rechtsverhältnisse. Aber deshalb bleibt doch der Satz als Wahrheit: *Der Gerechte erbarmet sich auch des Viehes.* Wer die unschuldige Kreatur leiden läßt und gegen ihren Schmerz unempfindlich ist, wird nur zu leicht auch dem Menschen gegenüber also fühlen und tun; so gehört das Verbot des Quälens von Tieren und das Verwerfen grausamer Tötungsarten der Tiere mittelbar zur Pflege des gemeinschaftlichen Wollens unter Menschen.

Zum Schlusse dieses sei es gestattet, einen Blick auf die Stellung zu werfen, die Recht und Gericht zu der Richtung eingenommen haben, die sich im besonderen als christliche Wissenschaft bezeichnet.

Man heißt sie auch den Szientismus. Diese Lehre ist in Nordamerika aufgekommen, geschaffen von Frau Baker addy (1821—1910), besonders von ihr ausgeführt in dem Buche Science and Health (1875). Die Richtung ist seitdem weit verbreitet, auch in Deutschland, und soll nach Angaben ihrer Anhänger etwa fünf Millionen ihr Zugeneigte zählen. Sie bedeutet eine geschlossene Weltauffassung, die sich selbst in einfacher Weise nach ihrer einheitlichen Grundlage wiedergibt. Über alles dies unterrichtet bestens die Schrift von HOLL, Der Szientismus (2. Aufl. 1918).

Die sogenannte *christliche Wissenschaft* kennzeichnet sich in ihrem Wesen durch folgende Sätze.

Alles Leben ist in Wirklichkeit nur ein geistiges Leben. Es stammt von Gott her. Dieser ist der einzig wahre Geist. Er ist nicht im menschlichen Sinn als Person aufzufassen, die Gottheit hat gleiche Bedeutung mit Leben und Wahrheit, sie ist die Liebe. Der Mensch, als Geschöpf Gottes, hat als solches die gleiche geistige Natur, doch in der bedingten Weise eines begrenzt erschaffenen Wesens. Dagegen hat die Materie kein selbständiges Leben. Sie ist tot, ihr angeblich eigenes Leben ist nur ein trügerischer Schein. Da alles Leben sich in der unbedingten Allheit des göttlichen Geistes zusammenfaßt, so kann es nichts in Wahrheit geben, das diesem Geiste grundsätzlich widersprechen würde.

Nun treten doch anscheinend äußere Übel auf, Sünde und Tod und Krankheit. Allein alles Weh und Leiden liegt nur in den Gedanken, mit denen der Mensch es aufnimmt. Von Gott kann es nicht herrühren, denn sein Werk ist vollendet gut, — in der Materie kann es nicht gegeben sein, denn sie führt kein selbständiges

Leben. Also kommt es zur Bekämpfung solcher Übel darauf an, sich derartig in seinen Gedanken auf das Dauernde, das Gute und Wahre zu richten, daß das angeblich Unvollkommene gänzlich verschwindet. In solcher ununterbrochener eigener Läuterung wird Sünde und Tod überwunden und die Krankheit getilgt werden.

Hier setzten nun die technisch gerichteten Maßnahmen ein, die das Interesse weiterer Kreise besonders erregt haben. Sie führten zu rechtlichen Streitfragen, die namentlich 1915 in einem vor dem Landgericht III in Berlin verhandelten Strafprozeß zum Austrag kamen.

Zwei Künstlerinnen litten an verschiedenen Krankheiten. Sie waren seit längerem jeweils in ärztlicher Behandlung, kamen dann aber unter den Einfluß zweier Frauen, die den Szientismus vertraten und die Kranken dazu brachten, jede Hilfe eines naturwissenschaftlich vorgehenden Arztes abzulehnen und sich der *christlichen Wissenschaft* anzuvertrauen. In Ausführung der vorhin skizzierten Lehre wurden Arzneien und andere materielle Mittel ausgeschlossen und nur Fortschritte im Denken und im Gemüt angestrebt. Durch das vollendete Empfinden von Gottes Allgegenwart und Liebe, als der einzigen *Wirklichkeit*, sollte die Furcht entschwinden, von der die sogenannte Krankheit erregt wurde. Dadurch würde der letzteren der Boden entzogen, auf dem sie allein gedeihen könne. Allein der

Zustand der beiden Leidenden verschlimmerte sich jetzt immer mehr. Sie wurden schließlich zum Krankenhaus gebracht, wo sie bald darauf verstarben.

Nun wurde gegen die zwei Szientistinnen eine Anklage wegen fahrlässiger Tötung erhoben. Sie hätten die Behandlung der Kranken ohne jede ärztliche Kenntnis übernommen; hierin liege eine grobe Fahrlässigkeit. Das Gericht schloß sich dem an und verurteilte die Angeklagten zu sechs Monaten Gefängnis. Das Reichsgericht (Entsch. in Strafs. 50, 37) bestätigte die Entscheidung. Die Angeklagten hätten die Pflicht gehabt, da sie die Kranken zu heilen übernommen, sorgfältig zu sein. Zum mindesten hätten sie, als sie angesichts der auffallenden Verschlimmerung sich über die Aussichtslosigkeit ihres Heilverfahrens klar wurden, ihren Platz am Krankenbett räumen und die Behandlung einstellen müssen.

Bei der Prüfung dieser Frage zeigt sich, daß es sich hier nicht um eine religiöse Betrachtung im genauen Sinne des Wortes handelt, sondern um rechtliche Erwägung. Denn es steht der Inhalt einer Regelung des Zusammenwirkens und die richtige Art des verbindenden Wollens zur Erörterung. Die dort Angeklagten hielten ihre soziale Betätigung als solche für gerechtfertigt und leiteten dieses aus einem eigenartigen wissenschaftlichen System her.

Aber konnten sie sich nicht auf den Satz berufen:

Die Wissenschaft und ihre Lehre ist frei (Preuß. Verf. 20)? Liegt eine Rechtswidrigkeit vor, wenn jemand einer grundsätzlichen Meinung folgt, die von anderen als eine *Irrlehre* bezeichnet wird?

Es ist klar, daß es hier auf den Begriff *der Wissenschaft* ankommt.

Nun besteht das wissenschaftliche Denken in einem Ordnen dei einzelnen Erlebnisse nach einem unbedingt einheitlichen Grundplan. Ein *Irrtum* kann also in doppelter Art vorkommen: in der unzutreffenden Einfügung der Besonderheit in die einheitliche Art und Weise, oder aber in der Unhaltbarkeit dieser letzteren selbst.

Der Szientismus steht der *Medizin* in der grundlegenden Methode gegenüber. Es handelt sich bei ihm nicht um ein *Gesundbeten*, das etwa an die Stelle einer Operation oder einer Arznei treten sollte. Es steht überhaupt nicht eine Verschiedenheit der Ansichten über einzelne Mittel in Frage, sondern ein Gegensatz über die Grundauffassung des irdischen Geschehens überhaupt. Da die Materie, nach der besprochenen Lehre, sich in Schein auflöse, so sei auch gar nicht auf sie, im Sinne der medizinischen Wissenschaft einzuwirken. Eigentlich könne daher ein jeder nur sich selbst von allen Übeln befreien. Da dieses aber dermalen zu geringe Aussichten biete, so mögen berufsmäßige Heiler eintreten. Sie haben ihr Denken zu Gott, dem Allgegenwärtigen, zu erheben und sich zugleich in den Kranken hineinzufühlen. So wäre freilich auch eine Fernheilung möglich. Nur sind zurzeit gewisse Grenzen der Erkenntnis nicht zu leugnen, und so ist es besser, bei äußeren Verletzungen einen Chirurgen zuzuziehen oder im Falle der Geburtshilfe einen Arzt zu rufen, auch den Patienten wieder an einen solchen zu verweisen, wo die volle Empfänglichkeit für die Heilung auf rein seelischem Wege fehlen mag.

Bei dieser Sachlage muß jedes Urteil, das in sich fest begründet sein will, über die einzelne Folgerung hinaus auf den letzten Grundgedanken eingehen, aus dem jene Folgerung gezogen ist. Diese kritische Prüfung leitet zu dem Gegensatz von Wirklichkeit und Schein, zu der Bedeutung des Unterschiedes von reiner und bedingter Erkenntnis.

Der Szientismus stellt einen ungeklärten Begriff von *Wirklichkeit* auf. Geht man dem nach, so zeigt sich, daß der damit eingeführte Gedanke die Ordnung bedingter Eindrücke und Strebungen bedeutet. Es ist dann ein Erlebnis *wirklich*, wenn es nach einer einheitlichen Art und Weise bestimmt und gerichtet ist. Aber es muß auch ein besonderer Stoff vorliegen. Würde man von diesem gänzlich Abstand nehmen, wie es in der folgerichtigen Ausführung jener Lehre gelegen sein müßte, so bliebe man ganz im Leeren. Der bedingte Stoff äußerer Eindrücke kann niemals verschwinden, oder wir würden überhaupt keine wissenschaftliche Erwägung anzustellen haben. Es kommt für die wissenschaftliche Erfahrung lediglich darauf an, diesen bedingten Stoff nach gleichbleibenden reinen Formen zu bestimmen und dadurch zu beherrschen.

Diese Grundauffassung trifft der Szientismus gar nicht mit seiner Bekämpfung eines selbständigen *Lebens* der Materie. Die naturwissenschaftliche Betrachtung der uns in Raum und Zeit werdenden Erscheinungen verlangt gar nicht die mystische Vorstellung eines *lebendigen* Stoffes. Nur dieses ist zu fordern, daß man diesen Stoff der äußeren Wahrnehmungen gesetzmäßig beherrscht, aber nicht, daß er unbeachtet gelassen wird.

Wenn hiernach jeder denkende Mensch für sich zwischen diesen beiden Grundauffassungen wählen muß, so kommt auch das Recht um eine solche Wahl nicht herum. Und es hat sie getroffen. Es denkt bei dem Hinweise auf die Wissenschaft nur an die in kritischer Methode begründete Art des Wissens und Urteilens. Das ergibt sich zweifelsfrei aus der Geschichte der heutigen Verfassungen. Wenn sie die Freiheit *der Wissenschaft* verkündeten, so soll das Forschen nach Wahrheit einem jeden also freigestellt werden, daß der Inhalt dessen, was als wissenschaftliche Erkenntnis anzunehmen ist, durch eine rechtlich verordnete Instanz nicht geliefert wird. Dagegen ist diese *Freiheit* nicht unbedingt. Sobald jemand in das rechtliche verbundene Dasein seiner Umgebung eingreift, mit Werk oder mit Worten, so untersteht dieses sein Eingreifen dem Spruche des Rechtes.

Es hat ihn nach bestem Wissen und Können zu fällen. Eine unfehlbare Instanz kennen wir freilich dafür nicht. Aber die Stellungnahme unseres Rechtes zu der Frage der *Wirklichkeit* und zu den daraus zu ziehenden Schlüssen vermögen wir, wie eben ausgeführt, nicht zu tadeln.

Auch ist es nicht an dem, daß damit das Recht etwa in das Gebiet der Religion hemmend und störend eingriffe. Deren Eintreten und Vorgehen bleibt unangetastet stehen. Ihr fällt die Pflege des Gottvertrauens anheim und danach die Erfüllung des Menschenberufes: dem richtigen Erkennen und Wollen in den Bedingtheiten des irdischen Daseins suchend und strebend sich hinzugeben.

Der Szientismus aber führt im Grunde auf eine unhaltbare Vorstellung von dem Berufe der Religion zurück. An die Stelle einer göttlich gesetzten Aufgabe, die Welt zu erkennen und zu vervollkommnen, tritt die eigentümliche Meinung, daß die ganze Schöpfung, so zu sagen, überhaupt nicht vorhanden sei.

Der barmherzige Samariter goß Öl und Wein in die Wunden des geschlagenen Mannes und führte ihn in die Herberge und pflegte sein. Er mißachtete nicht die äußeren Mittel, die zur Linderung der Leiden möglich sind, sondern wandte sie nach seiner Erfahrung von natürlicher Einwirkung an. Und nicht durch die Art der Wundbehandlung zeichnete er sich vor dem kaltherzigen Priester und Leviten aus, vielmehr durch die tätige Befolgung der Liebe zu *dem Nächsten*, das ist: zu dem Menschen, der ihn in besonderer Lage gerade am nötigsten hat. Die Materie seines Tuns war ihm bedingt gegeben, und er suchte sie nach den dabei waltenden Naturkräften bestens zu beherrschen: nun kam die Macht der Liebe, die sein Tun für alle Zeiten vorbildlich erscheinen läßt. In diesem helfenden Sinn zur Bruderliebe anzufeuern, das entspringt dem Quell des religiösen Glaubens.

Erneut sehen wir so die zwei Aufgaben, die einmal der gesetzmäßigen Ausgestaltung des sozialen Lebens in seinem bedingten Inhalt und zum andern als die Erfüllung des Gemütes mit der Hingebung an das Richtige aufgestellt sind.

Die Gedankenrichtungen des Rechtes und der Religion sind in kritischem Bedenken also geschieden. Es ist nun zu prüfen, wie sich die beiden, in dem Bau der Kirche vereint, wieder finden mögen.

Kirchenrecht.

So wird sich finden einst hienieden
Der Kirche traulicher Verein,
Wo Licht und Stärke, Freud' und Frieden
In Christo Allen wird gemein.

LENAU, Savonarola, Weihnacht.

Seit langen Zeiten bestand schon die Kirche und war in wohlüberlegter Weise geordnet. Der Blick in die Zukunft, den nach den schönen Worten des Dichters der florentinische Bußprediger vornahm, ging nicht auf die Gründung, sondern auf die Läuterung des kirchlichen Lebens. Sie trat in Erfüllung jenes prophetischen Wortes bald nach ihm ein. Mit der Reformation trat die innere Kirche im evangelischen Sinn auf. Aber sie nahm nicht vollständig den Platz der alten Kirche ein. Es wurden vielmehr an deren Stelle die Landeskirchen der protestantischen Reichsstände gesetzt. Und wie die katholische Kirche in der Form der rechtlichen Organisation aufgebaut war, so geschah es auch mit jenen Landeskirchen, sowohl im alten heiligen römischen Reich deutscher Nation, wie auch nach seiner

Auflösung in den mannigfachen Staatenbildungen der Neuzeit. So steht es außer Zweifel, daß eine äußere Kirche und ein Kirchenrecht in irgendeiner Weise in der gesamten Christenheit wirklich da ist.

Aber gar oft ist dem gegenüber das Bedenken laut geworden, ob die rechtliche Ordnung der Kirche auch innerlich begründet sei. Von besonderer Bedeutung ist hier, wie weithin bekannt, die Lehre von SOHM geworden. Im Jahre 1892 gab er den ersten Band eines Handbuches des Kirchenrechtes heraus. Seine Leitsätze waren: Das Kirchenrecht steht mit dem Wesen der Kirche in Widerspruch. Das geistliche Wesen der Kirche schließt das Recht als ihre Ordnung aus, da dieses weltlich ist. Im Widerspruch zu dem Wesen der Kirche ist es zu einem Kirchenrecht gekommen.

Es ist klar, daß in dieser Zweifelsfrage nach der Möglichkeit eines Rechtes der Kirche zwei Aufgaben gestellt sind: die nach dem Begriff des Rechtes und die nach dem Wesen der Kirche. SOHM ist in seinem Buche auf die letztere eingegangen. Er schildert geschichtlich die christliche Urzeit, den Katholizismus und die Reformation in ihrer jeweiligen Stellung zu der Frage nach der Kirche. Die Frage nach dem Sinn des Rechtes wurde zurückgestellt. Wenn SOHM darlegte, daß eine altchristliche Kirche ohne Rechtsordnung tatsächlich bestanden habe, so war auch dieser

Satz nicht nur geschichtlich zu prüfen, sondern in seinem systematischen Sinn selbstredend wieder von der Feststellung des Rechtsbegriffes abhängig. So durfte man die hier notwendige Weiterführung von dem zweiten Band des groß angelegten Werkes erwarten. Aber dieser ist nie erschienen. 1914 hat SOHM eine kleine Schrift über weltliches und geistliches Recht veröffentlicht. Nach seinem Tode (1917) wurde ein von ihm schon fertiggestelltes Buch über das altkatholische Kirchenrecht und das Decretum Gratians 1918 herausgegeben. Es erweiterte im wesentlichen nur die Ausführungen des ersten Bandes seines Kirchenrechtes.

Aber ist denn eine Feststellung des Rechtsbegriffes überhaupt so nötig? Weiß nicht ein jeder, was man unter dem rechtlichen Wollen der Menschen zu verstehen hat?

Es mag manchem Fernstehenden zunächst merkwürdig erscheinen, daß die zuletzt ausgesprochene Frage insoweit verneint werden muß, als es eine im allgemeinen Einklang auf sie erteilte Antwort zurzeit noch nicht gibt. Nach dem dermaligen Stande der Rechtswissenschaft ist es geboten, in allen Erörterungen, in denen der Rechtsbegriff entscheidend eingreift, diesen selbst zuvörderst klar und deutlich festzustellen. Auch wir werden dem an dieser Stelle in genauerer Erwägung nachkommen müssen.

Wie kann nun eine Feststellung des Begriffes von dem Rechte befriedigend geschehen?

Mancher versucht es so, daß er eine gewisse äußere Beschreibung von Regeln vornimmt, die im großen und ganzen als *rechtliche* Sätze bezeichnet werden. Aber das hat eine willkürliche Unterlage. Es könnte bestenfalls nach einer Art von Konvention geschehen, an die jeder, der es anders nimmt, nicht gebunden wäre. Es ist ja gerade von vornherein zweifelhaft, ob ein besonderes Begehren, das man dabei in das Auge faßt, dem *Recht* oder einer *anderen* Klasse des Wollens zuzuteilen sei. Und das sachliche Interesse an der Frage, die uns hier beschäftigt, verlangt ja gerade eine Beseitigung des Zweifels, ob die überkommene Ordnung der Kirche eben als eine *rechtliche* Ordnung anzusprechen und als solche möglich ist oder nicht.

Vergebens haben einzelne Philosophen gemeint, daß man auch den Rechtsgedanken einer *unmittelbaren* Erkenntnis verdanke. FRIES hatte den Satz aufgestellt: *Die Entscheidung über Recht und Unrecht muß zuletzt einzig von unserer eigenen freien Selbsttätigkeit im Nachdenken abhängen.* Aber woher soll alsdann eine Gewähr kommen, daß man nicht in irriger Zusammenfassung unserer Vorstellungen sich einen Begriff von dem Rechte überhaupt gebildet habe? Wenn wir wirklich bei solchen Überlegungen einfach einer zwingenden geistigen Anlage unserer Natur folgten — wie Fries sagt: *den Gesetzen der psychischen Anthropologie* —, so wäre die Tatsache von Unsicherheit und von Streit über das Wesen solcher Grundgedanken, wie der des Rechtes einer ist, gar nicht verständlich.

In der neueren Zeit ist dabei die philosophische Richtung der sogenannten *Phänomenologie* auf den Plan getreten, wonach das Wesen eines Gegenstandes durch *unmittelbare Erschauung* erkannt werden könnte. *Die rechtlichen Gebilde,* sagt Reinach, *besitzen ein Sein, so gut wie Zahlen, Bäume oder Häuser.... Indem wir uns in das Wesen dieser Gebilde vertiefen, erschauen wir, was streng gesetzlich von ihnen gilt.* — Hier ist unbeachtet geblieben, daß für alle *rechtlichen* Gebilde der Begriff *des Rechtes* die notwendige Bedingung ist. Sonach ist vor allem dieser Begriff in seinem Unterschied von Moral, von äußerem Anstand, von willkürlicher Gewalt darzulegen.

Auch geht es nicht an, den Begriff *des Rechtes* aus einer Reihe *rechtlicher* Erscheinungen herausziehen zu wollen. Man gedachte, durch ein induktives Suchen zum Erfolg zu gelangen, indem man viele Rechtserfahrungen aus dem Leben verschiedener Völker und Zeiten nebeneinander stellte und nun den gemeinsamen Rechtsbegriff herauszöge. In Wahrheit ist jedoch der letztere überall da schon vorweg genommen, wo man eine besondere Tatsache als *rechtlich* kennzeichnete. Und es steht nicht anders, wenn jemand versuchen wollte, den Begriff *des Rechtes* durch eine Darlegung von Ereignissen zu bestimmen, die *Recht* verursacht hätten.

Statt dessen ist es nötig, das Ganze der sozialen — nicht: der *rechtlichen* — Erfahrung zu untersuchen. In ihm tritt der Rechtsgedanke als eine einheitliche Art des Vorstellens auf. In kritischer Überlegung sind darum die bleibenden Bedingungen darzulegen, unter denen die Abteilung des Rechtes von anderen Arten des menschlichen Wollens einen verständlichen Sinn gewinnt.

Daß eine solche Abteilung überhaupt stattfindet, lehrt ein jeder Blick in das tägliche Getriebe unseres gesellschaftlichen Lebens. Wir alle stehen unter verschiedenartigen Sätzen im Zusammenleben. Es fragt sich, ob sich die eine Art in einer allgemeingültigen Kennzeichnung wirklich feststellen läßt, oder ob es eine logische Täuschung ist, wenn wir rechtliches Wollen von Geboten der Höflichkeit, des Anstandes, der äußeren Sitte — zusammengefaßt unter dem Ausdruck: Konventionalregeln — begrifflich trennen.

Es ist jedenfalls nicht der Inhalt verbindender

Sätze, nach dem man eine allgemeine Klasseneinteilung des sozialen Wollens vornehmen könnte. Die gleichen Vorschriften wechseln in dem gesellschaftlichen Erleben hin und her. Sie zeigen bald diese, bald jene bestimmende Eigenart, so daß eine allgemeingültige Kennzeichnung der einen oder der anderen Art nach dem Inhalt der verschiedenen Regeln unmöglich ist. Gar manches Beispiel kann dies in einfacher Weise zeigen. Die Kleider- und Tafelordnungen früherer Tage treten als rechtliche Sätze auf, ebenso wie viele Versuche, dem Luxus und den Auswüchsen der Mode zu steuern, die andere Zeiten dem konventionalen Belieben des Publikums überlassen. Die Bauordnungen sind heute bei uns in städtischen Gemeinden von rechtlicher Art, auf dem Lande vielfach nicht. Dagegen gelten dort rechtliche Gesetze, die sich gegen die Verunstaltung landschaftlich schöner Gegenden richten. Die Sätze der Grammatik sind an sich nur konventionale Regeln, aber sie können in den rechtlichen Bereich gezogen sein und werden dies, besonders im Amtsverkehr, manchmal aufweisen. Für die Frage des Grußes, seiner Art und geregelten Vornahme, mag regelmäßig konventionale Weise entscheiden, zuweilen, zum Beispiel beim Militär, doch auch rechtliche Vorschrift. Und so in ungezählten Fragen mehr. Zuweilen treten die verschiedenen Arten sozialer Regeln bei besonderem Anlasse so gemischt auf, daß schon ein geschärftes Auge dazu gehört, sie zu trennen. Im kleinen mag man solches beachten bei öffentlichen Ermahnungen über gewisse Weise des Verkehrs, etwa an der Post, im Miethause usw.; in größerem Stile findet es sich in dem Unternehmen der französischen Republik, einen systematischen Moralunterricht in der Schule durchzuführen, wobei in katechetischer Form als *Morale et instruction civique* Lehren der Religion und der Sittlichkeit, des äußeren Anstandes, aber auch der staatlichen Verfassung und des bürgerlichen Rechtes den Kindern mitgegeben werden.

Ein begrifflicher Unterschied von Konventionalregeln und Rechtssätzen läßt sich auch nicht aus der beiderseitigen Herkunft ableiten, etwa dahin, daß jene durch Brauch, diese dagegen durch überlegte Satzung aufgestellt würden. Vielmehr ist bei beiden beides möglich. Es gibt Entstehung des Rechtes durch Gewohnheit und geschäftliche Übung, und es kann sein, daß konventionale Sätze durch Beschlußfassung eines Konvents und anderer Versammlungen aufgestellt werden. Deshalb geht es auch nicht an, für den Rechtsbegriff als bedingendes Merkmal *die äußere Organisation* anzunehmen. Denn *organisieren* heißt ja dasselbe, wie *unter Regeln vereinigen*, läßt also die Eigentümlichkeit der einen oder der anderen

Klasse des verbindenden Wollens noch als offene Frage bestehen.

Um zu einem befriedigenden Abschluß in der hier behandelten Frage zu gelangen, ist es nötig: auf den allgemeinen Sinn zu sehen, in dem verschiedene soziale Regeln bestehen können. Der bedingte Inhalt und die besondere Weise der Entstehung sind dafür gleichgültig. Es kommt auf die formale Art des Verbindens an. Für diese besteht aber nur eine einzige Möglichkeit, die unbedingt allgemeingültig ist: Das Verbinden geschieht entweder bleibend oder von Fall zu Fall. In der ersten Weise werden die Zwecke der Verbundenen also als Mittel füreinander bestimmt, daß die Verbundenen selbst in einer einzelnen Lage an der Verbindung als solcher nichts zu ändern vermögen, — das zweite Mal wird das Verbinden in allen einzelnen Möglichkeiten in die Hand der zu Verbindenden gelegt. Jenes Verbinden besagt ein selbstherrliches Wollen, das zweite enthält nur eine Einladung zu einer unsteten Verbindung der Zwecke. Dem ersten entspricht die rechtliche Ordnung, dem andern die konventionale Regel.

Der selbstherrliche Charakter des Rechtes tritt als dessen wesentliche Eigenschaft in jeder geschichtlichen Äußerung rechtlicher Gedanken hervor. Vor allem schon darin, daß die Rechtsordnung selbst angibt, wer ihr untertan ist. Bei uns geschieht es nach dem Reichsgesetz vom 22. Juli 1913, das das grundlegende Gesetz vom 1. Juni 1870 in manchem abgeändert hat. Es werden genau die Gründe angegeben, aus denen jemand ein Deutscher ist und ebenso diejenigen, nach welchen er die deutsche Staats- und Reichsangehörigkeit verliert. Er mag sich dem entziehen, beispielsweise im militärpflichtigen Alter ohne besondere Erlaubnis auswandern, — dann bricht er das Recht. Der Sinn des letzteren stellte die Verbindung des Flüchtigen mit der Heimat in der nun genau beschriebenen selbstherrlichen Weise fest.

Darum ist es ganz abwegig, das Recht etwa aus einer Summe von Einzelentschließungen aufbauen zu wollen. Es ist etwas ganz anderes, als diese; es ist ein besonders geartetes Wollen, das über den Verbundenen steht, — gleichviel, wie oben schon bemerkt, durch wen es gesetzt ist: durch einen Einzelnen oder durch mehrere oder viele Menschen.

Von einer absoluten Freiheit ist bei dem Rechte keine Rede. Den Gedanken des letzteren festzuhalten und damit eine selbstherrliche Art des Verbindens aufzunehmen — und doch zugleich diesem selbstherrlichen Verbinden die absolute Freiheit der Verbundenen als Grundgedanken einzufügen: heißt einen unauflöslichen Widerspruch begehen.

So verlangt das Recht, daß der ihm Unterstellte seine äußeren Pflichten erfülle. Er wird, auch gegen einen etwa entgegenstehenden Wunsch, dazu angehalten, den anderen nicht zu mißbrauchen und nicht zu schädigen, er ist genötigt, seine Versprechungen zu erfüllen, auch wenn er nicht mehr mag. Er ist also, soweit er unter dem Rechte steht, nicht mehr unbedingt frei: eine absolute Freiheit des einzelnen Menschen findet sich nur unter der konventionalen Regel. Nach ihr gibt es keine Verpflichtungen gegen das gegenwärtige Wollen des von ihr Angeredeten, — solche bestehen erst nach dem Spruche des selbstherrlich verbindenden Rechtes.

Auch ist es nicht an dem, daß die Freiheit des Einzelnen, nach subjektivem Belieben zu tun und zu lassen, was er mag, etwa der Idee des Rechtes entspräche. Denn diese besteht darin, daß eine objektiv richtige Weise des Zusammenlebens statthabe, die die Gerechtigkeit heißt. So vermag es für die rechtliche Betrachtung immer nur eine relative Freiheit des Einzelnen zu geben, ein Mehr oder Weniger, ohne wahrhaft prinzipielle Gegensätzlichkeit. Es ist diese relative Freiheit dann ein bedingtes Mittel, ausersehen, um durch ihre Aufstellung den objektiv richtigen Zustand in einer bestimmten Gesellschaft zu erreichen, von dem wir sprachen.

Bei dieser Kennzeichnung des Rechtes nach dem bedingenden Merkmal der Selbstherrlichkeit haben wir keinen besonderen Nachdruck darauf legen zu müssen geglaubt, daß es sich um ein verbindendes Wollen handelt. Das Recht findet sich zweifellos in dem Kreise der Bestrebungen, die auf ein Zusammenleben gerichtet sind. Es steht im Unterschied von allem da, was nur das Innenleben angeht, von dem wir in dem ersten Abschnitt gehandelt haben. *Gedanken sind zollfrei.*

Dagegen könnte man noch fragen, ob denn alles verbindende Wollen, das wir als selbstherrlich erkennen, auch rechtlichen Charakter trage. Gibt es nicht auch selbstherrliche Gewalt, die wir als willkürlichen Befehl gerade dem rechtlichen Ordnen gegenüberstellen müssen? Diese Frage ist freilich zu bejahen. Ihre Ausführung braucht uns jedoch an dieser Stelle nicht durchaus zu beschäftigen. Es genügt, auf den Unterschied hinzuweisen, der zwischen der Willkür, als einem Machtgebot nach subjektiver Laune und zwischen dem Rechte besteht, das nach seinem eigenen Sinn unverletzbar sein will. Wieder ist es das persönliche Belieben, das von Fall zu Fall eingreift und sich dem Rechte, als dem bleibenden Verbinden, entgegenwirft, nur daß jenes diesmal nicht von der jeweiligen Anerkennung der Verbundenen, sondern von der Laune des Gebietenden seinen Ausgang nimmt.

Das Recht aber ist sonach das unverletzbar selbstherrlich verbindende Wollen, — von ihm gilt das Wort aus Psalm 94: *Recht muß doch Recht bleiben!*

Es ist, wie schon oben bemerkt, im Interesse einer klaren Ausarbeitung des Kirchenrechtes nötig, auf den selbstherrlichen Charakter des Rechtes entscheidendes Gewicht zu legen. Dieser aber besteht in dem gedanklichen Sinn, in dem das rechtliche Wollen die Zielstrebungen der Menschen verbindet. Es ist eine erkenntniskritische Einsicht, die wir damit gewinnen. Dagegen hat das nichts mit der psychologischen Frage zu tun, die auf die zwangsweise Durchsetzung eines Forderns gerichtet ist, dem die Eigenschaft eines rechtlichen Wollens zukommt. Wir dürfen nicht den Begriff *des Rechtes* etwa dahin wiedergeben: daß es diejenige äußere Regel sei, die einen Druck und einen bewegenden Zwang besitzt. Denn dieses letztere kann ebenso gut auch der konventionalen und der willkürlichen Art des Verbindens zukommen. Wer hätte nicht schon unter dem drückenden Einflusse gesellschaftlicher Konvention gestanden! Und umgekehrt ist es möglich, daß eine rechtliche Verbindung besteht, bei der ein äußeres

Zwangsmittel nicht vorgesehen ist, so bei verfassungsmäßigen Rechtspflichten des Staatsoberhauptes oder bei Verbindlichkeiten des Völkerrechtes. Auch kann es gewiß sein, daß einem rechtlichen Wollen die tatsächliche Durchführung einmal nicht zur Seite steht, daß es in einzelnen oder vielleicht vielen Fällen gebrochen wird und eine gewisse Ohnmacht zeigt, — aber *Recht* bleibt es nach dem Sinn seines Wollens doch immer! Die begriffliche Abgrenzung und Einteilung, die mit ihm gedacht wird, bestimmt sich nicht nach einer sich durchsetzenden Einwirkung in diesem oder jenem Fall. Die Selbstherrlichkeit des Rechtes bedeutet eine Gedankenrichtung, die einem menschlichen Streben ein einheitlich bestimmendes Merkmal gibt; — sie ist nicht darin gelegen, daß Zwangsmittel bereit stehen und einen gewissen Erfolg tatsächlich durchsetzen.

Darum ist es endlich in unserer Betrachtung auch gleichgültig, ob rechtliche Gebote von den Unterstellten *freiwillig* erfüllt werden; und es ist für die Klarlegung des Rechtsbegriffes ohne Belang, ob in gegebenen Zuständen eine solche freiwillige Befolgung die Regel bildet, und eine rechtlich ausgeübte Gewalt nur ausnahmsweise eingreift. Denn es sind überhaupt zwei ganz verschiedene Fragen: wie der Begriff des *rechtlichen* Wollens zu kennzeichnen und von anderen

Arten des verbindenden Wollens abzugrenzen ist, — und zum anderen: ob ein danach bestimmtes Wollen sich in besonderer Lage nun auch tatsächlich durchsetze, und was für Beobachtungen man hierbei machen könne.

Daß wir nun ein Kirchenrecht im Sinne des selbstherrlich verbindenden Rechtes überhaupt geschichtlich überkommen haben und besitzen, daran ist gar kein Zweifel.

Wir nehmen das neugeborene Kind in die kirchliche Gemeinschaft auf. Der sakramentale Charakter der Taufe bleibe für jetzt unberührt, — in jedem Fall geschieht die äußere Vereinigung des jungen Christen mit der Gemeinde ohne seine eigene persönliche Zustimmung. Und er verbleibt in der Kirche, bis deren Ordnung selbst ihm das Ausscheiden gestattet. Es ist nicht an dem, daß es auf seinen freien Austritt unter Wahrung bestimmter Formen seiner Erklärung gestellt wäre, — der hier entscheidende Umstand ist der, daß das Kirchenrecht die Lösung des Bandes erlaubt. Es ist das selbstherrliche Wort einer rechtlichen Verbindung, das den Ausschlag gibt. Und es sind rechtliche Verpflichtungen, denen die einzelnen Mitglieder der Kirche unterstellt sind. Es werden ihnen Steuern auferlegt, Rechte und Pflichten bezüglich äußerer Güter der Kirche zugewiesen. Wir sehen kirchliche Ämter mit rechtlicher Eigenart ausgebildet und das Verhältnis der Kirche zum Staat im Rechtssinn geregelt.

Es ist gewiß, daß das religiöse Leben zum Verein mit Gleichgesinnten drängt, mag immer ein jeder für sich zunächst sich in die Gemeinschaft mit seinem Gott begeben. Freilich kann niemand, sagt LUTHER, für mich Reue und Buße tun, und jeglicher muß suchen und trachten, wie er für sich einen gnädigen Gott gewinne. Aber in seinem Sehnen und Streben bedarf er der Hilfe, des Beistandes, des Bündnisses mit seinem Nächsten.

Die Herzen werden sich verbünden,
Sich bringen jeden Gottesgruß,
Von Brust zu Brust hinübermünden
Wird, Gott entströmt, ein Freudenfluß.

Und finden werden sie gemeinsam
Den Weg, das Leben und das Licht,
Was keiner kann erringen einsam,
Wer nur sich selber Kränze flicht.

In der gemeinsamen Andacht und Verehrung eines göttlichen Willens erhebt sich erst ein jeder selbst. Das Verständnis der von Gott gesetzten Aufgabe, der Sinn des eigenen Lebens wird nur im Aufnehmen von Gedanken anderer gefördert und vervollkommnet. Und vollends die Überlieferung der ererbten Lehren, ihre Übertragung in Sinn und Denkweise jeder neu werdenden Zeit ist ohne ein Verbinden des religiösen Fühlens und Sehnens und ohne die darauf aufgebauten Anstalten nicht möglich.

Aber muß es nun ein Verbinden im rechtlichen Sinn sein, das so gefordert wird?

Auch Sohm würde die äußere religiöse Gemeinschaft als solche wohl nicht zurückweisen und könnte doch seinem zweifelnden Gedanken wegen der Begründung des Kirchenrechtes treu bleiben. Er würde nach dem oben entwickelten Sprachgebrauch sagen können: es soll eine Kirche geben, aber nur eine solche unter bloßen Konventionalregeln.

Nun ist wohl zu beachten, daß diese Zweifelsfrage sich keineswegs bloß bei der Erwägung des Kirchenrechtes sich einstellt. Sie erhebt sich vielmehr gegenüber allem Rechte. Denn da dieses in der oben geschilderten selbstherrlichen Weise die Bestrebungen der Menschen verbindet, so fragt es sich: wie sich dieser zwangsmäßige Sinn des Rechtes überhaupt allgemein rechtfertigen lasse. Es besteht die Aufgabe, das Recht des Rechtes als solches darzutun, mithin eine befriedigende Antwort auf den Einwurf zu geben, weshalb man dem Rechte in dessen eigenartigem Gebote in grundsätzlicher Notwendigkeit unterstellt ist.

Jeder kennt die Stelle des Römerbriefes (13, 1—7),

in der PAULUS VON TARSUS lehrt, daß jedermann der Obrigkeit untertan sein soll, die Gewalt über ihn hat; denn sie ist von Gott verordnet. Aber kann man es dem Ungläubigen einleuchtend machen, für den die Worte des Apostels keine Autorität haben?

In der Tat haben sich zu allen Zeiten, in alten Tagen, wie besonders in den letzten Jahrzehnten die Untersuchungen hierauf gerichtet. Man hat gemeint, daß ohne die rechtliche Ordnung der physische Bestand des Menschengeschlechtes nicht gesichert sei. Eine bekannte Formel des THOMAS HOBBES (1588—1679) besagt, daß sonst ein *bellum omnium contra omnes* bestehen würde; nur das rechtliche Wollen könne diesen *Krieg aller gegen alle* hintanhalten. Dem haben sich andere, selbst KANT in seiner Rechtslehre (1797, § 44), angeschlossen. Allein der Zweifel an der Berechtigung der Selbstherrlichkeit des Rechtes und die Behauptung des Vorzuges einer konventionalen Regelung des Zusammenlebens enthalten gar nicht die Meinung von einem gänzlich regellosen Bestehen und einem wilden Durcheinanderlaufen der Menschen. Es soll auch nach dieser Meinung ein sozialer Zustand herrschen, nur einer der unbedingt freien Entschließung der in ihm verbundenen Menschen.

Andere meinten, daß ohne rechtliche Ordnung die Sittlichkeit der Menschen leiden oder untergehen müßte. Aber die wahre sittliche Entschließung soll ja dem Innenleben des Menschen angehören und unabhängig von äußerem Zwang ihn bestimmen. Sagt man aber, daß es immer noch verhältnismäßig besser sei, wenn einer zum Guten durch das Recht äußerlich geführt werde, als wenn das nicht geschehe, so ist übersehen, daß es sich in unserer Frage nicht nur um die Rechtfertigung eines billigenswerten *Rechtes* handelt, sondern um die *des Rechtes* überhaupt. Weshalb kann selbst ein Recht, das in der Besonderheit seines Inhaltes nicht zu billigen ist, doch als Recht immer noch einen Vorzug vor der bloßen Konventionalregel beanspruchen?

Im praktischen Leben hat sich dieser quälende Zweifel vielfach in verschiedenen Einzelfällen gezeigt. So haben die Gerichte des öfteren mit Eidesverweigerern zu tun gehabt und die Militärbehörden mit solchen, die sich weigerten, nach gesetzlicher Pflicht den Dienst mit der Waffe zu tun. Manche behaupteten ein unbedingt freies Recht zum Auswandern, nicht nur in den Schranken des vorhin angeführten Reichsrechtes; und die englischen Wahlweiber (suffragetts) hielten sich für befugt, einen Kleinkrieg im Innern ihres Landes zu entfesseln und Personen und Eigentum zu schädigen, weil sie ja, wie sie sagten, an die Gesetze, die sie nicht mitbeschlossen hätten, nicht gebunden wären.

Über alle diese Einzelfragen hinaus, zu denen, wie bemerkt, schließlich auch die Frage nach der inneren Begründung des Kirchenrechtes zählt, hat sich jedoch seit einiger Zeit die Richtung des Anarchismus in allgemeiner Weise erhoben. Er führt in seiner theoretischen Ausgestaltung vornehmlich auf zwei Autoren zurück: PROUDHON (1809—1865) und STIRNER (1806—1856).

Der erstere vertrat in mehreren Schriften die Meinung, daß für den Verkehr unter den Menschen eine natürliche Ordnung bestehe. Das Zusammenleben werde sich ohne alle Regelung am besten vollziehen. Darum sei die letztere zu beseitigen und die Harmonie des sozialen Daseins durch volle Freigebung des Tuns und Treibens zu erzielen. — Hier war übersehen, daß in dem Gedanken des sozialen Lebens eine Beziehung des einen Wollens auf dasjenige anderer Menschen notwendig gesetzt war, und daß von einem Zusammenwirken keine Rede sein kann, wenn nicht eine Verständigung und ein Verbinden der Bestrebungen statthat. In der Tat hat PROUDHON, als Ersatz des von ihm bekämpften Staatswesens, den Vorschlag einer Tauschbank, ohne die Einrichtung des Geldes eingesetzt, — ein Plan, der doch auch wieder eine bestimmte Ordnung in einem Verbinden der Teilnehmer an jener Bank mit sich führte.

Den genannten Fehler vermeidet STIRNER in seinem bekannten Buche: *Der Einzige und sein Eigentum.* Für ihn ist das Maß aller Dinge der einzelne Mensch wie er gerade da ist. Das empirische Ich ist das alleinige Gesetz, das er anerkennt. Er verwirft alle Autorität, die nur denkbar wäre: des Rechtes, der Moral, der Religion. Allein berechtigt sei es, dem eigenen Drängen des jeweilig begehrenden Individuums zu folgen. In weiter Polemik sucht er das vor allem gegen LUDWIG FEUERBACH und BRUNO BAUER auszuführen, deren radikale Lehren ihm nicht weit genug gehen. In unserer Frage streitet er vornehmlich mit den Ansichten des politischen und des sozialen Liberalismus. Er betont, daß man nicht zugleich die absolute Freiheit des Individuums und zugleich das demokratische Prinzip der Mehrheit aufstellen könne, da jene durch die letztere verneint ist. Daraus meint er die Folgerung ziehen zu müssen, daß der Staat und alle Rechtsordnung überhaupt zu verwerfen sei. *Ich vernichte sie,* sagte er, *und bilde an ihrer Stelle den Verein von Egoisten:* Zu einem solchen freilich — wie wir sagen würden: zu einer Verbindung unter bloßen Konventionalregeln — würden sich, nach seiner Meinung, die Menschen eben aus Selbstsucht immer zusammenfinden.

Diese Ausführung STIRNERS ist innerlich widerspruchsvoll. Sie scheitert an dem Felsen, den kein grundsätzlicher Skeptizismus zu umschiffen vermag. Denn sie will überlieferte Lehren als unrichtig hinstellen und dafür eine andere Ansicht als allein begründet wiedergeben. So setzt auch sie die Möglichkeit der objektiv-richtigen Erkenntnis gegenüber einem bloß subjektiv-gültigen Meinen voraus. Ohne solche Voraussetzung hätte seine ganze Darlegung ja überhaupt keinen Sinn, und es bliebe ihm nichts, als dasjenige, was die alten Juristen in anderem Zusammenhang eine *impositio silentii* nannten. Und nun setzt er das nur subjektiv-gültige Begehren des jeweiligen Individuums, wie dieses in seiner empirischen Bedingtheit gerade zufällig gegeben ist, als das hin, was den Begriff des objektiv-richtigen Wollens ausmacht.

So ist die eigene Lehre STIRNERS in sich wissenschaftlich wertlos. Es bleibt nur die Anregung, die aus jedem zweifelnden Bedenken gezogen werden kann. Sie führt besonders eindringlich in dem uns beschäftigenden Problem zu der Frage: Besitzt die rechtliche Art des sozialen Wollens, die selbstherrlich die einzelnen Willensinhalte verbindet, vor der konventionalen Weise des Zusammenlebens, die nur einladend den Einzelnen zu deren freier Entschließung gegenübertritt, einen allgemeingültigen Vorzug?

Bevor wir zur vollen Lösung dieser Frage übergehen, ist jedoch einer sozialphilosophischen Lehre zu gedenken, welche die genannte Fragestellung grundsätzlich leugnet. Es ist die materialistische Geschichtsauffassung.

Sie glaubt, über diese Fragen — wie über die uns hier beschäftigenden Aufgaben überhaupt — dadurch einfach wegkommen zu können, daß sie auf das naturgesetzliche Walten der ökonomischen Phänomene verweist. Ihr sind alle Äußerungen des geistigen Lebens, die soziale und die sittliche Betrachtung, wie die Religion, nichts als Produkte der gesellschaftlichen Wirtschaft, aus der sie in einem naturnotwendigen Prozesse entstehen. Und nun sieht sie merkwürdigerweise das Unausgedachte dieser Verweisung nicht, welches dadurch entsteht, daß sie sich auf die nur genetische Betrachtung beschränkt: sie kennt nicht die Notwendigkeit der systematischen Erwägung, die sie unwillkürlich doch wieder einsetzt. Da sie nämlich behauptet, daß alle Äußerungen des geistigen Lebens in kausaler Notwendigkeit entstehen, so ist es klar, daß auch eine irrige und grundsätzlich verwerfliche Meinung kausal notwendig in das Leben tritt. Den Unterschied von *richtig* und von *unbegründet* muß sie voraussetzen, sonst könnte sie sich selbst ja gar nicht als *richtig* behaupten. Da aber die unrichtige Meinung so gut wie die gerechtfertigte Lehre in der gleichen Art der Entstehung auftritt, so kann ihr Unterschied nicht dadurch klargestellt werden, daß man auf ihre Herkunft verweist. Es ist nötig, sich in methodischer Überlegung auf die bleibenden Bedingungen zu besinnen, unter denen die einheitliche Eigenschaft eines Gedankens, die wir *die Richtigkeit* nennen, einen verständlichen Sinn besitzt.

Für unser dermaliges Thema im besonderen kann es nicht genügen, einfach darauf hinzuweisen, daß sich die Menschen derjenigen Art des verbindenden Wollens tatsächlich bedienen, die wir als rechtliches Wollen begrifflich klargestellt haben, — es kann bei folgerichtigem Ausdenken gar nicht der Frage ausgewichen werden: ob das so geeigenschaftete soziale Wollen, das in dem Rechtsbegriffe sich bedingend faßt, in Wahrheit ein gerechtfertigtes Mittel nach kritisch prüfender Erwägung abgibt. Dies wird zu bejahen sein, wenn sich zeigt, daß das rechtlich verbindende Wollen eine notwendige Bedingung ist, um das Zusammenleben der Menschen gesetzmäßig zu gestalten.

Dem ist in der Tat so.

Die konventionale Verknüpfung stellt sich selbst in das subjektive Belieben der Einzelnen. Von einer konventionalen *Gemeinschaft* kann man nur in uneigentlichem Sinne reden, denn feste und dauernde Verpflichtungen sollen ja dann gerade nicht bestehen. Die konventionale Regel greift nur von Fall zu Fall ein, je nach dem beliebigen Vorgehen des zu einer Konvention fähigen und bereiten Individuums.

Dagegen weist das rechtliche Wollen seinem Begriffe nach die Eigenschaft des bleibenden Verbindens auf. Da es das gesellschaftliche Dasein an und für sich von dem subjektiven Belieben jemandes unabhängig stellt und somit den Bestand des sozialen Lebens als solchen gewährleistet, so bietet es allein eine geeignete Grundlage für ein objektives Ausgestalten der menschlichen Gesellschaft. So ist die rechtliche Weise des verbindenden Wollens das unentbehrliche Mittel, um überhaupt an eine inhaltlich begründete Arbeit in der sozialen Frage herangehen zu können. Hierin liegt seine allgemeingültige Begründung, damit ist das Recht des Rechtes überhaupt dargetan.

Diese Erwägungen sind nun für das Problem des Kirchenrechtes nutzbar zu machen.

Wir sahen vorhin, daß das religiöse Leben des Einzelnen ihn zum Zusammenschlusse mit anderen drängt. Es ist von elementarer Notwendigkeit, sich in diesen letzten Fragen, die den Menschen bewegen mögen, anderen mitzuteilen. Keiner würde etwas von Religion wissen, niemand sich über sein Woher und Wohin und über den letzten Grund in dem Wozu seines Lebens auskennen, wenn er nicht mit seinem Nebenmenschen in Verbindung stehen würde, lernend und aufnehmend so gut, wie dann wieder mitteilend und hingebend. So führt auch das religiöse Sein der Einzelnen in folgerichtigem Ausdenken zu dem Verbinden ihrer Zwecke als Mittel füreinander, es drängt auch die Versenkung in die Religion zu einer eigenen Verbindung zwecks gemeinsamer Pflege dieser höchsten geistigen Güter.

Es ist aber inkonsequent, wenn man dieses Abzielen auf religiöse Gemeinschaft doch wieder nur als eine Summe von subjektiv beliebigen Entschlüssen nehmen wollte, die jeweils vereinzelt nebeneinander stehen würden. Wohl hat man das öfter versucht, und nicht erst in dieser letzten Zeit. Sehr treffend weist HOLL in seiner Schrift über die Bedeutung der großen Kriege für das religiöse und kirchliche Leben innerhalb des deutschen Protestantismus (1917) darauf hin, wie PUFENDORF und THOMASIUS die Kirche für eine Gesellschaft erklären, die durch freiwilligen Zusammentritt entstehe; sie setzten damit voraus, daß sie zunächst nur ein Haufe von Einzelnen ist. Aber damit wird der Grundaufgabe religiöser Vereinigung — dem Blickpunkt wahrer Gemeinschaft, die dem Suchenden mit Rat und Tat hilft — gerade nicht gedient. Die Kirche soll sich zu dem Zwecke der wechselseitigen Förderung und Vervollkommnung in objektiv richtiger Weise ausbauen. Als geistiges Band, das ihre Mitglieder umschlingt, soll die kirchliche Gemeinschaft so geartet sein und dahin ausgebildet werden, daß sie keinen Glaubensgenossen in seelischen Nöten verläßt, daß sie ihn teilnehmen läßt, ohne Bedingung, an dem, was sie heilend und tröstend, erhebend und fördernd zu geben vermag. Das aber kann sie nicht gewährleisten, wenn sie wirklich nichts anderes wäre, als eine Anzahl vereinzelter Meinungsäußerungen, die nach subjektivem Belieben die Verbindung hielten oder auch nicht.

Es ist nötig, auch die kirchliche Verbindung als eine in sich bleibende zu setzen. Ihr Bestand muß als solcher unabhängig feststehen, damit sie ihrer inhaltlichen Aufgabe gerecht zu werden vermag. Das aber heißt: Die Einrichtung der Kirche im Sinne eines *rechtlichen* Wollens zu treffen.

Nur die Grenze für das grundsätzlich berechtigte Eingreifen des *rechtlichen* — gleich: formal bleibenden — Verbindens ist für die Kirche im Sinne ihrer eigenen Bestimmung dann noch zu ziehen. Dem wollen wir in dem nun folgenden Teile unserer Betrachtungen nachgehen. Hier war als Vorbereitung dazu festzustellen, daß das Kirchenrecht zur idealen Verfolgung der einer Glaubensgemeinschaft für ihr Zusammenwirken gestellten Aufgabe die notwendige Bedingung abgibt.

Auch für unsere Frage bewährt sich der Spruch, den RAUPACH mit der Stärke dichterischer Empfindung in seinen *Hohenstaufen* gibt:

Hoch steht die Treue, höher steht das Recht,
Und zur Verirrung kann die Tugend werden,
Wenn sie das Recht verschmäht.

Kirchliche Verpflichtungen.

Werdet müde nicht im Werke,
Der Gott des Rechts ist unsre Stärke,
Und seinem Lichte weicht die Nacht.

HAGENBACH, Gedichte.

Wenn die Verbindung der Gläubigen in der Kirche mit gutem inneren Grunde die Art des rechtlichen Wollens verwendet, so erheben sich nun zwei weitere Fragen:

1. Wie verhält sich dieses Kirchenrecht zu den übrigen rechtlichen Möglichkeiten? In welcher Weise fügen sie sich ineinander ein, und was hat bei Unstimmigkeiten unter ihnen zu geschehen?

2. Wie weit hat die rechtliche Ordnung kirchlicher Fragen in grundsätzlicher Berechtigung zu gehen? Gibt es da nicht notwendige Grenzen, und in welchem Verfahren sind sie zu bestimmen und festzulegen?

Die erste dieser Fragen kann man in unseren Zuständen auch die nach dem Verhältnisse von Staat und Kirche nennen. Freilich ist das nur annähernd genau und erschöpft nicht das Problem in seiner Gesamtheit. Das folgt aus der Vorstellung von dem Staate und seiner notwendigen Abhängigkeit von dem Gedanken des Rechtes.

Es hat zwar nicht an Äußerungen gefehlt, die das Recht seinem Wesen nach von dem Staate ableiten wollen. Aber diese Meinung ist nicht haltbar.

Immer hat es rechtliches Wollen gegeben, ohne daß dabei auf ein staatliches Gemeinwesen im heutigen Sinne zurückgegangen würde. Das letztere nimmt man nur an, wenn ein bestimmtes Staatsgebiet vorliegt. Als die Kinder Israel vierzig Jahre lang in der Wüste umherzogen, standen sie zwar unter strengen Rechtsregeln, bildeten aber keinen Staat. Das Gleiche gilt von den germanischen Stämmen in der Völkerwanderung. Und so schreibt man auch heute fahrenden Horden, Nomaden, staatlosen Zigeunern nicht die Eigenschaft einer staatlichen Verbindung zu.

Aber vielleicht könnte eingewandt werden, daß dieses willkürlich angenommen sei und auf einen Namensstreit hinauslaufe. Das würde richtig stehen, wenn unsere letzten Angaben mehr bedeuten sollten, als konkret erläuternde Beispiele. Der sachliche Nachdruck liegt auf folgender Erwägung: Wie immer einer einen Begriff von dem Staate sich machen mag, das steht sicher, daß er ihn als eine besonders geartete rechtliche

Einrichtung beschreiben muß. Läßt er die Vorstellung rechtlicher Verhältnisse unter den Menschen in Gedanken gänzlich weg, so kann er niemals zu einer solchen von einer staatlichen Verbindung gelangen. Das rechtliche Wollen können wir in seinen einheitlich bedingenden Merkmalen genau angeben und in seinem sachlichen Unterschiede von Moral, Sitte, Willkür feststellen, ohne im geringsten auf eine staatliche Verfassung irgendwelcher Art einzugehen, — mit nichten aber ist das Umgekehrte möglich. So ist der Gedanke von dem Rechte die logische Bedingung für den Staatsbegriff.

Allerdings ist seit langem, und in unseren Tagen vor allem, das Überquellen der staatlichen Einrichtungen so stark geworden, daß die tatsächliche Anwendung des rechtlichen Wollens sich fast ausschließlich auf jene beschränkt. Wenn man im Mittelalter noch weittragende autonome Rechtssatzungen in Familie und Stand, in Gemeinde und Gau hatte, unabhängig von den staatlichen Zentralgewalten des Reiches und seiner Territorien, so ist das jetzt außerordentlich zusammengeschrumpft. Was heutzutage als neues Recht von seiten der Gemeinden und sonstigen kommunalen Verbände geschaffen wird, ist als Polizeiverordnungsrecht nur zur Ergänzung des staatlichen Rechtes bestimmt. Es leitet sich in den Grenzen und der Kraft seines Auftretens von dem Staate wieder ab; und es steht von vornherein fest, daß es staatlichen Gesetzen nicht widersprechen darf und sie nicht zu ändern oder aufzuheben vermag.

Als Besonderheit kommt in der Gegenwart neben dem staatlichen Rechte — wenn wir von dem Problem des Völkerrechtes absehen — eigentlich nur das kirchliche Recht bedeutsam in Betracht. Da es ganz und gar den bedingenden Merkmalen des Rechtsbegriffes entspricht, so ist eine Auseinandersetzung zwischen den beiden genannten Anwendungen des rechtlichen Wollens unausweichlich. Wie ist sie zu vollziehen?

Nun folgt aus dem selbstherrlichen Charakter des Rechtes, daß bei allem seinem Wollen die Frage auftreten kann: wer dort das letzte Wort der Entscheidung abzugeben berufen ist. Einmal muß dieses der Fall sein, sonst würde keine selbstherrlich durchgreifende Ordnung im wechselseitigen Verbinden der Zwecke geschehen können. So folgt die erwähnte Frage aus dem Gedanken des Rechtes selbst. Aber sie folgt aus ihm auch nur als Frage, — dagegen kann die Antwort darauf in Mannigfaltigkeit verschieden sein. Und sie tritt dann im modernen Staate, wie Bodinus (1577) zuerst genau gelehrt hat, als Souveränität auf, die je nach der einzelnen dortigen

Verfassung diesem oder jenem in Einzahl oder als Mehreren zukommt. Es läßt sich also durchaus nicht *a priori* sagen: wem die Souveränität in einem gegebenen Staatswesen eigene oder zuzustehen habe; sondern dieses ist eine bedingte Erörterung, die nur als Beschreibung geschichtlicher Vorgänge einen Sinn hat.

Es ist das letzte Wort der Entscheidung, über das in den Schicksalen der Menschen und Völker auch zwischen Kirche und Staat stark gerungen wurde. Betrachtet man den Verlauf und Ausgang solchen Ringens, so steht — wie eben schon angedeutet — nicht mehr eine systematische Erwägung von allgemeingültiger Bedeutung in Frage, sondern eine historische Deskription von bedingten Ereignissen. Das erklärt sich folgendermaßen.

Der Begriff des *rechtlichen* Wollens und die tatsächliche Geltung eines nach dem Rechtsbegriffe bestimmten Strebens sind genau zu unterscheiden. Jenes besagt eine erkenntniskritische Erwägung, das andere ist eine psychologische Frage. Das erste gibt die einheitliche Gedankenrichtung an, in der wir die rechtliche Art des menschlichen Wollens von anderen Arten methodisch trennen, das zweite erörtert es, ob ein also logisch geordnetes Wollen in einer geschichtlich gegebenen Lage einen wirklichen

Einfluß auf die von ihm Angeredeten ausübe oder nicht. Wenn wir für den Begriff *des Rechtes* als notwendige Bedingung die selbstherrliche Art des Verbindens festgestellt haben, so hat das sonach nichts mit irgendeinem drückenden Einfluß zu tun: die Vorstellung der Selbstherrlichkeit ist eine einheitliche Denkweise, sie gibt eine logische Ordnungsart wieder und enthält an und für sich noch gar nichts von diesem oder jenem Grad eines psychologisch beobachteten Erfolges in irgendeinem stofflich vorgelegten Tatbestand.

Man kann es auch dahin ausdrücken: Recht und Macht sind weder ein und dasselbe, noch auch stehen sie sich gegnerisch gegenüber; — sondern: sie ergänzen sich. Jeder der beiden Begriffe — der des Rechtes und der der Macht — ist in eigener methodischer Bestimmung für sich getrennt klarzustellen, — der erste, wie wir betonten, erkenntniskritisch, der zweite dagegen in psychologischer Beobachtung. Und dann hat jedes dem andern sich zur Seite zu stellen, um in dem Getriebe des praktischen Lebens ein begründetes Ergebnis zu erhalten. Die Macht muß im Sinne des Rechtes ihren Einfluß ausüben, um sich sachlich zu begründen, — und das Recht nimmt die Macht zu Hilfe, um seine Absicht bestimmter sozialer Ordnung in die Tat umzusetzen.

Und dann treten auch gar manches Mal verschiedene rechtliche Bestrebungen in Widerstreit und Kampf miteinander. Es ist nicht immer außer Zweifel, welches von mehreren Rechten, die gelten möchten, dieses in Wahrheit tut. Wir haben in unseren Tagen reichlich Gelegenheit, derartiges zu gewahren. Überall, wo ein Umsturz stattfindet und Bürgerkrieg wütet, besteht eine Unsicherheit über dasjenige Recht, das in Geltung sei. Dasselbe Schauspiel hat sich lange Zeit im Streite von Staat und Kirche ereignet. Jetzt ist dieser Kampf entschieden. Das letzte Wort der Entscheidung ist dem Staate, dem weltlichen Rechte, zugefallen. Das kirchliche Recht gilt jetzt nur unter der Obhut und dem Schutze, aber auch nur unter dem letzten Spruche, den das staatliche Recht zu geben hat.

Immer aber ist hierbei festzuhalten, daß in diesen letzten Sätzen nicht etwa eine notwendige und allgemeingültige Einsicht ausgesprochen sein soll. Eine solche ist in dem Sinne der aufgeworfenen Frage nicht möglich. Es handelt sich nicht darum, ob das geschilderte Ergebnis etwa grundsätzlich berechtigt oder verwerflich sei, nicht um eine kritische Betrachtung methodischer Richtlinien, die unbedingt feststehen müßten, — sondern lediglich um die konkrete Schilderung gewisser geschichtlicher Ereignisse und Zustände. Der Zweifel, ob diese prinzipiell gerechtfertigt seien, bleibt für jetzt noch unerledigt, und die Möglichkeit einer Änderung jederzeit offen: wir haben es in dieser jetzigen Darlegung eines näher beschriebenen Befundes mit einer *quaestio facti*, nicht mit der *quaestio iuris* vorerst zu tun.

Der soeben geschilderte Zustand gilt durchgängig für die Landeskirchen, die sich in ihrem Aufbau an das Gefüge des Staates oder seiner Abteilungen anlehnen, sowie auch da, wo als Unterlage des kirchlichen Lebens die Gemeindeverfassung genommen wird. Es ist aber auch nicht anders gegenüber der katholischen Kirche, die sich als Einheit über die verschiedensten Staaten erstreckt. Sie hat sich in dem *Codex iuris canonici* gerade jetzt ein neues Gesetzbuch gegeben, das Pfingsten 1918 in Kraft getreten ist. Es stellt das dar, was wir Juristen ein *gemeines* Recht nennen, das ist das Recht eines Ganzen, das aus Teilen mit rechtlichen Unterschieden besteht. So sind die Gesetze des Deutschen Reiches gemeines Recht gegenüber dem Landesrecht der einzelnen Bundesstaaten. Allein auch das kanonische Recht kann sich heute nur innerhalb der Staaten durchsetzen, in denen es auftritt. Ob es zur Durchführung gelangt, behält sich jetzt jeder Staat für sich vor.

In der angegebenen schroffen Weise ist damit jedoch nur die allgemeine Lage wiedergegeben. In der besonderen Durchführung hat das staatliche Recht gar vielfach Nachgaben machen müssen.

Ich führe zunächst einige Einzelfragen an.

Die Regelung der Ehe stand in ihren persönlichen Voraussetzungen, nach Eingehung und Endigung, in Deutschland bis in die neue Zeit unter kirchlichem Rechte. Während in sonstigen Rechtsfragen regelmäßig das römische Recht, in der Gestalt, die es durch die Kompilation des römischen Kaisers Justinian (527—565) erhalten hatte, seit dem späteren Mittelalter die Grundlage des gemeinen deutschen Rechtes geworden war, so war in den erwähnten Fragen des Eherechtes das kanonische Recht an die Stelle des römischen getreten.

Die Ehe war in der katholischen Kirche zum Sakrament erhoben worden. Für ihre Eingehung war zwar der Satz des römischen Rechtes stehen geblieben: *consensus facit nuptias*, die freie Eingehung durch die Verlobten begründete die Ehe. Die Einsegnung durch den Priester war kein wesentliches Erfordernis der Eheschließung. Fehlte sie, so war eine also geschlossene Ehe gültig, wenngleich unwürdig. Das Tridentinum (1545—1563) setzte statt dessen die Erklärung der Verlobten vor dem zuständigen Priester und zwei Zeugen. Nun waren die Beschlüsse des Tridentiner Konzils im ganzen durch päpstliche Bulle genehmigt, aber der die Ehe betreffende Abschnitt, nach seinem Anfangsworte *Tamesti* genannt, sollte nach seiner eigenen Angabe nur da gelten, wo er besonders nach dem Brauche der Kirche publiziert war. Stand dieses nicht fest, so war es bei dem alten *Konsensprinzip* geblieben, woraus namentlich folgte, daß in jenen Gegenden die Ehen der Protestanten als rechte Ehen nach kanonischer Auffassung angesehen wurden. Für Mischehen auf Tridentiner Gebiet hätte eigentlich die neue Form gelten sollen, doch wurde seit Papst BENEDIKT XIV. (1741) die Gültigkeit solcher Ehen von jener Form nicht abhängig gemacht.

Dieser kanonische Rechtszustand blieb im wesentlichen unverändert bis auf PIUS X. Er erließ am 18. Januar 1906 das Dekret *Provida sollersque*, wodurch das Tridentinum ohne räumliche Beschränkung Geltung haben sollte, aber nur für Katholiken; und änderte weiterhin durch das Dekret *Ne temere* vom 2. August 1907, rechtsgültig von Ostern 1908 an, die Form der Eheschließung in Einzelheiten ab, von denen besonders die zu erwähnen ist, daß der Pfarrer zur Entgegennahme der Erklärungen der Brautleute eingeladen und zu dieser Entgegennahme bereit sein müsse. Als Personen, die dieser kanonischen Ehegesetzgebung unterworfen sein sollen, nennt das Dekret *Ne temere* alle, die in der katholischen Kirche getauft oder aus der Häresie oder dem Schisma zu ihr zurückgekehrt sind. Es bezieht sich also nicht auf protestantisch Getaufte, wohl aber gilt die katholische Form der Eheschließung für die Mischehen.

Der neue *Codex iuris canonici*, den Papst BENEDIKT XV. Pfingsten 1917 erlassen hat, und der Pfingsten 1918 in Kraft getreten ist, hat diese Sätze des katholischen Eheschließungsrechtes aufgenommen. Die Streitfrage, ob katholisch Getaufte, aber nicht katholisch erzogene Abkömmlinge Nichtkatholischer der katholischen Eheschließungsform unterworfen seien, ist von dem Codex bejahend entschieden.

In der Augsburgischen Konfession ist bekanntlich die Ehe als eine Einrichtung des weltlichen Rechtes festgestellt worden. Allein es wurde das Interesse der Kirche an religiöser Weihe des ehelichen Bandes und Lebens in der evangelischen Christenheit stets stark betont. Es bildete sich ein in seinen Grundzügen übereinstimmendes kirchliches Eherecht in den Kirchenordnungen der vergangenen Jahrhunderte aus. Die Eheschließung geschah durch Kopulation seitens des Geistlichen. Dabei bildete sich vielfach im 17. und 18. Jahrhundert die Möglichkeit der Zwangstrauung für Brautleute aus, gestützt auf die von LUTHER geäußerte Ansicht, daß (wie im alten Rechte) in der Verlobung eigentlich schon das Eingehen der ehelichen Lebensgemeinschaft liege. Auch wurde in der evangelischen

Kirche das Ehescheidungsrecht ausgebaut, die Gründe der Scheidung festgelegt und bestimmt, daß die Ehe dem Bande nach geschieden werden könne. Zuständig waren in Scheidungssachen die landesherrlichen Konsistorien, bis dies vom 1. Oktober 1879 ab allgemein den Landgerichten übertragen wurde.

In der Sache hatte inzwischen die staatliche Gesetzgebung bei Gelegenheit der großen Kodifikationen seit dem Ende des 18. Jahrhunderts eingegriffen und vielfach Abweichungen von dem kirchlichen Rechte geschaffen. Das galt besonders von dem Allgemeinen Landrecht für die Preußischen Staaten von 1794, das das Eherecht rein von Staatswegen ordnete, dabei sich aber stark an das damalige evangelische Kirchenrecht anlehnte. Insbesondere entnahm es diesem die Art der Eingehung der Ehe. Die Scheidungsgründe wurden außerordentlich erweitert, insbesondere für die Möglichkeit des bösen Verlassens oder sogar der einseitigen Abneigung; nur sollte im letzten Falle derjenige Ehegatte, der ohne eigentlichen gesetzmäßigen Grund, gegen den Willen des andern, auf der Scheidung beharrt, für den schuldigen Teil erklärt und ihm eine Abfindung mit dem sechsten Teile seines Vermögens auferlegt werden.

Das französische Gesetzbuch von 1804 kennt ausschließlich bürgerliches Eherecht. Die Ehe wird vor dem Zivilstandesbeamten geschlossen, durch staatliche Gerichte auf ihre Gültigkeit geprüft. Die Scheidung war nach dem *Code civil* durch formelle Erklärung des zuständigen Standesbeamten zulässig; sie erfolgte aus bestimmten gesetzlichen Gründen oder durch beiderseitige Einwilligung. Im Jahre 1816 wurde in Frankreich durch Gesetz die Ehescheidung abgeschafft. Es gab weiter eine Trennung von Tisch und Bett aus den Gründen, die bis dahin als Scheidungsgründe gegolten hatten. Durch Gesetz vom 17. Juli 1884 wurde die Ehescheidung wieder eingeführt, indem die Bestimmungen des *Code civil* Art. 229 ff. in abgeänderter Gestalt hergestellt wurden.

Endlich kann bemerkt werden, daß das österreichische Allgemeine Bürgerliche Gesetzbuch von 1811 in §§ 75 ff. das kanonische Recht im wesentlichen als staatliches Recht übernommen hat, und zwar im Sinne des Tridentinum. Im Jahre 1868 wurden aber zwei österreichische Gesetze erlassen, die teilweise im Gegensatze zu dem kanonischen Rechte stehen. Es wurde am 25. Mai 1868 die sogenannte Notzivilehe eingeführt, nämlich eine Eheschließung vor der staatlichen Behörde, wenn die kirchliche Behörde aus Gründen, die in den Staatsgesetzen nicht enthalten sind, sich weigert, die Eheschließung vorzunehmen. Durch Gesetz vom 31. Dezember 1868 wurde bestimmt, daß gemischte

Ehen von Angehörigen verschiedener christlicher Konfessionen in Gegenwart von zwei Zeugen vor dem ordentlichen Seelsorger eines der beiden Brautleute abzuschließen sind.

Als nun nach der Gründung des Deutschen Reiches die Aufgabe eines Bürgerlichen Gesetzbuches auftrat, so fand sich dieses gegenüber dem überlieferten kirchlichen und staatlichen Recht über die Ehe in besonders schwieriger Lage. Die Auffassungen in diesen verschiedenen Rechten gingen grundsätzlich zu weit auseinander. Das Reich führte zunächst bekanntermaßen die obligatorische Zivilehe durch Gesetz vom 6. Februar 1875 ein. Die Ehe wurde durch den Standesbeamten geschlossen, die Scheidung sollte nur dem Bande nach geschehen können; über die Scheidungsgründe wurde in jenem Gesetze nichts bestimmt.

Unser Bürgerliches Gesetzbuch vom 18. August 1896, in Kraft seit dem 1. Januar 1900, ist durch kirchliches Recht in unmittelbarer Weise mannigfach bestimmt worden. Es ordnet nach seinem eigenen Ausdruck die *Bürgerliche Ehe* und behält für diese die obligatorische Zivilehe bei. Seinen Inhalt entnimmt es dem seitherigen Rechte derartig, daß in den einzelnen Fragen bald der Einfluß des kanonischen, bald der des protestantischen Eherechtes hervortritt. Besonders sind hier in den Neuerungen des Bürgerlichen Gesetzbuches zwei Punkte zu erwähnen, bei denen es der Lehre des kanonischen Rechtes eine Nachgabe macht.

Einmal erfolgt die Schließung der Ehe durch die Erklärungen der Verlobten, daß sie miteinander die Ehe eingehen wollen. Der Standesbeamte muß zur Entgegennahme der Erklärungen bereit sein und soll danach die Erklärenden als Eheleute verkünden, die nach dem bürgerlichen Gesetze nun ehelich verbunden sind. Diese seine Erklärung ist jedoch für den Eheschluß nicht wesentlich. Unterbleibt sie aus irgendeinem Grunde, durch Versäumnis oder durch Unglücksfall, so ist die Ehe auch ohne sie rechtsgültig zustande gekommen.

Zum anderen bewilligt das Bürgerliche Gesetzbuch die Möglichkeit einer Aufhebung der ehelichen Lebensgemeinschaft, ohne die Ehe dem Bande nach zu trennen. Allerdings kann dieses nicht gegen den Willen des einen Teiles geschehen; verlangt dieser es, so ist über die Scheidung dem Bande nach zu erkennen. War dagegen nur jene Aufhebung der Gemeinschaft erfolgt, so können die also getrennten Ehegatten sich jederzeit wieder zusammenfinden, ohne irgendwelche Genehmigung einzuholen oder Förmlichkeiten zu beobachten; nur soll für ihre Vermögensverhältnisse, die nach der Aufhebung der Gemeinschaft ebenso, wie nach einer Scheidung auseinander zu setzen waren, nunmehr Gütertrennung gesetzlich eintreten.

Wenn hierin den Wünschen des kanonischen Rechtes entgegengekommen ist, so liegt eine noch stärkere Beachtung des kirchlichen Lebens überhaupt in dem bekannten § 1588: *Die kirchlichen Verpflichtungen in Ansehung der Ehe werden durch die Vorschriften dieses Abschnittes nicht berührt.* Der Satz knüpft an das Zivilstandsgesetz an, das in § 82 sagte: *Die kirchlichen Verpflichtungen in Beziehung auf Taufe und Trauung werden durch dieses Gesetz nicht berührt*; — eine Bestimmung, die damals auf Wunsch von Kaiser WILHELM I. eingesetzt wurde.

Der zitierte § 1588 ist erst von der Kommission des Reichstages für das Gesetzbuch vorgeschlagen und danach von den gesetzgebenden Faktoren beschlossen worden. Über Sinn und Bedeutung der Vorschrift und ihre daraus zu ziehenden praktischen Folgen herrscht nicht volle Einstimmigkeit. Es ist geradezu behauptet worden, daß der angezogene Paragraph gar keine juristische Bedeutung habe, sondern nur den Leuten habe an das Herz legen wollen, daß sie sich doch auch kirchlich trauen lassen möchten. Das ist gewiß unrichtig. Wenn unser Gesetzbuch *Verpflichtungen* feststellt, so meint es das in Wahrheit auch als eine rechtliche Satzung.

Es genügt aber auch nicht, wenn man die so bestimmten kirchlichen Verpflichtungen als staatlich bedeutungslos bezeichnet. Denn es sind ja in dem eingeführten Gesetzesworte jene Pflichten gerade von dem staatlichen Gesetzgeber bestätigt worden. So schwebt über dem kirchenrechtlichen Bande das staatliche Recht. Dieses hat die Pflichten jenes kirchlichen Rechtes aufgenommen und muß sie nun auch durchführen. Hier steht es genau so, wie im Sachsenspiegel (III, 63, § 1) allgemein gesagt wurde: *Alsus sal daz werltliche gerichte und geistliche uber ein tragen, swaz so deme einen widerstę, daz man ez mit deme andern twinge, gehorsam zu wesene unde rechtes zu phlegene.*

Das ist zweifellos, sobald es sich um rechtliche Ansprüche der Kirche gegenüber ihren Mitgliedern handelt, z. B. um Zahlung von Gebühren für die Trauung. Man könnte sagen, daß dieses schon aus dem allgemeinen Vertragsrecht folge; allein die Anerkennung der Verpflichtung durch § 1588 entrückt diese Frage der Notwendigkeit, auf die vertragsmäßige Auffassung solcher Verpflichtungen zurückzugehen. Hat man nur das letztere, so sind auch schon die Voraussetzungen der Wirksamkeit von Verträgen, vor allem die Geschäftsfähigkeit der Beteiligten nach bürgerlichem Rechte jeweils zu fordern, während jetzt die Frage des Bestehens kirchlicher Verpflichtungen nach objektivem Kirchenrecht, beispielsweise durch Vornahme der Konfirmation von Minderjährigen, zu entscheiden ist.

Vor allem können aber kirchliche Verpflichtungen in Ansehung der Ehe unter den Eheleuten selbst auftreten und nach § 1588 für das staatliche Recht und seine Durchsetzung Folgen haben. Hier sind Streitigkeiten deshalb erlebt worden, weil der eine Teil sich weigerte, die kirchliche Trauung auf Wunsch des anderen Teiles vorzunehmen.

In diesen Angelegenheiten ist folgender Unterschied zu machen: Die staatliche Gesetzgebung hat ihre Sätze über das Eherecht entweder als zwingende Satzung aufgestellt oder als nachgiebiges Recht.

In dem ersten Falle können natürlicherweise widersprechende Lehren des kirchlichen Rechtes für den Staat keine Bedeutung haben. Das kann auch in anderen Fragen in ähnlicher Art vorkommen. Wenn beispielsweise das kirchliche Recht fordert, daß ein Geistlicher zur Annahme der Wahl für den Reichstag die Zustimmung seiner kirchlichen Oberen nötig habe, so kann dies wegen Reichsverfassung Art. 21 nach dem staatlichen Rechte nicht beachtet werden. Entsprechendes gilt nach unserem Rechte für die Eingehung der Ehe. Das Bürgerliche Gesetzbuch kennt nur fünf Nichtigkeitsgründe der Ehe. Wenn das kirchliche Recht auch die Nichtigkeit einer in ordnungsmäßiger Form eingegangenen Ehe wegen etwaigen Mangels des ernstlichen Willens zum Eheschluß fordert oder gar, wie das katholische Eherecht, die Nichtigkeit der Ehe annimmt, wenn der eine Teil den heimlichen Vorbehalt (Mentalreservation) macht, die Ehe gar nicht zu wollen, — so kommt das für das staatliche Eherecht gar nicht in Betracht.

Nun gibt es aber Sachlagen, bei denen auch im Eherecht die staatliche Gesetzgebung bestimmt, daß in gewissen kommenden Streitigkeiten die Beteiligten und dann das erkennende Gericht selbst auswählen sollten, welche Entscheidung in der gerade gegebenen Lage das grundsätzlich richtige Ergebnis liefert. Das kommt bei der Ehe mit Rücksicht auf unsere Frage dreimal in Betracht. Zum ersten kann eine Ehe angefochten werden, wenn der eine Ehegatte durch arglistige Täuschung über solche Umstände bestimmt worden ist, die ihn *bei Kenntnis der Sachlage und bei verständiger Würdigung des Wesens der Ehe* von der Eingehung der Ehe abgehalten haben würden (§ 1334). Sodann gilt die Regel, daß die Ehegatten einander zur ehelichen Lebensgemeinschaft verpflichtet sind. Es braucht aber keiner dem Folge zu leisten, wenn das Verlangen des anderen Teiles sich *als Mißbrauch seines Rechtes* darstellt (§ 1353); insbesondere braucht unter dieser Voraussetzung die Frau dem Mann nicht in dessen Wohnort und Wohnung zu folgen (§ 1354). Endlich ist es ein Scheidungsgrund, wenn der eine Ehegatte *durch schwere Verletzung der durch die Ehe begründeten*

Pflichten oder durch ehrloses oder unsittliches Verhalten eine so tiefe Zerrüttung des ehelichen Verhältnisses verschuldet hat, daß dem anderen Teile die Fortsetzung der Ehe nicht zugemutet werden kann (§ 1568). In allen diesen Fällen ist es möglich, daß die Vernachlässigung kirchlicher Verpflichtungen den Tatbestand liefert, aus dem die vom Gesetze vorgesehenen Rechtsfolgen für den anderen Teil gezogen werden können. Wenngleich also eine Erzwingung der kirchlichen Trauung nun nicht durch Gerichtsurteil und Zwangsvollstreckung mit den Mitteln der Zivilprozeßordnung (§ 888) in unmittelbarer Weise zulässig erscheint, so sind doch die in § 1588 genannten kirchlichen Verpflichtungen im Sinne eines auch vom Staate anerkannten rechtlichen Wollens aufzunehmen und zu bewähren.

Und nun die zweite Frage, die wir am Eingange dieses letzten Abschnittes unserer Betrachtungen aufgeworfen haben.

In welchem bestimmenden Gedankengange wird nun hier die Vornahme der kirchlichen Trauung als richtiges Recht erkannt? Wie beschaffen ist der Maßstab, an dem das Eingreifen des Rechtes in die religiös begründeten Handlungen des Einzelnen als prinzipiell berechtigt dargelegt werden kann? Ja, welches ist überhaupt die zutreffende Formel, in der ein positives Kirchenrecht seine innerlich gerechtfertigte Grenze findet?

Alle solche Fragen sind einheitlich. Sie zielen sämtlich auf eine und dieselbe Aufgabe: über die durchgreifende Methode, in der sich menschliche Satzung mit ihrem bedingten Inhalte allgemeingültig begründen läßt, eine klare Einsicht in kritischem Bedenken zu erhalten.

Unsere seitherigen Darlegungen richteten sich zuerst auf den Begriff *des Rechtes.* Wir sahen, daß es ein selbstherrlich verbindendes Wollen ist. Daran mußte sich das Bedenken schließen, ob dieses eine rechte Form für die Kirche sei; was wir bejahten, weil die Verwendung des Rechtsgedankens die notwendige Bedingung ist, um die religiös geartete Vereinigung dem bloßen Subjektivismus zu entziehen, sie vielmehr auf eine feste Unterlage zu gutem Ausbau zu stellen. Nunmehr schließt sich der Kreis der Betrachtung mit der Erwägung: Wie weit kann sich ein kirchliches Recht in seinem Inhalte über die Einzelnen stellen?

Es ist somit die Aufgabe nach der inneren Gesetzmäßigkeit des Kirchenrechtes überhaupt, die hier gestellt ist. Darum ist auf die Gesetzmäßigkeit alles Wollens, und danach eben des rechtlichen Wollens. zurückzugehen: auf die Idee der Willensreinheit.

Wir unterscheiden, wie wir früher darlegten, die

Verbindung von der Gemeinschaft. Jene besagt nur die Vereinigung der Zwecke verschiedener Menschen als Mittel füreinander; sie gibt den Begriff des *sozialen* Wollens. Die Gemeinschaft dagegen bedeutet eine Verbindung, die nach der Idee des *reinen* Wollens, gerichtet, von dieser in ihrem Inhalte geleitet ist. Sie, die den idealen Endzweck alles menschlichen Zusammenwirkens abgibt, hat nun auch dem Kirchenrechte seine Richtlinie und seine Grenze zu weisen.

Ehe wir dieses in feste Fassung bringen, sei eine allgemeine Erinnerung an das Ganze des hier notwendigen Gedankenganges gestattet.

Es geht nicht an, das Zusammenleben von Menschen des gleichen Glaubens im Sinne von lauter vereinzelten Existenzen endgültig vorzustellen. Insbesondere würde das das gerade Gegenteil des Christentums sein. Die Einzelnen, von denen sich jeder für sich als gläubiger und überzeugter Christ fühlt, haben sich in diesem ihrem Innenleben ebenso gut zu fördern und zu unterstützen, wie in ihrer äußeren Lage. Nicht um ein getrenntes Dasein kann es sich für sie handeln, sondern um das Beobachten eines verbindenden Wollens, das die jeweiligen Ziele ihres religiösen Lebens als Mittel füreinander wechselseitig einsetzt.

Wenn sonach ein religiös geartetes Zusammeneben logischer Weise auch nur unter der Bedingung eines verbindenden Wollens verständlich ist und nicht eine Summe von bloßen Subjektivitäten vorliegen kann, so erinnern wir des weiteren an den oben erörterten Unterschied, daß das Recht sich als die bleibende Art des Verbindens an und für sich gibt, die Konvention dagegen nur von Fall zu Fall besteht. Nur jenes bietet sonach eine Gewähr, den Inhalt des dortigen verbindenden Wollens objektiv richtig auszugestalten; — die konventionale Regel läßt den Bestand der fraglichen Verbindung in jedem Augenblick von der subjektiven Willkür der Beteiligten abhängen. Dem Wunsche nach einer allgemeinen Gemeinschaft der im Glauben Verbundenen kann sie, der Strenge nach, gar nicht nachkommen; sie löst das Zusammenleben im Grunde doch wieder in eine Reihe von persönlichen Zufälligkeiten und Entschlüssen auf.

Man würde sich von ernster religiöser Seite auch gar nicht so stark gegen das Einsetzen einer rechtlichen Verbindung der Glaubensgenossen erklärt oder gewehrt haben, wenn zweierlei dabei schärfer bedacht wäre: Einmal, daß der Begriff *des Rechtes* an und für sich nichts mit äußerer Gewalt zu tun hat; — zweitens, daß die Idee *des Rechtes* genau die Grenze bezeichnet, bis zu der ein innerlich begründetes Einsetzen einer rechtlichen Verbindung in Dingen des religiösen Lebens und Erlebens behauptet werden kann.

Für die erste Frage nehmen wir auf die oben gegebenen Ausführungen Bezug. Der Gedanke des Rechtes besagt hier zunächst den Gegensatz zu einem gänzlich vereinzelten Leben, das überall in folgerichtigem Denken nur vorläufig und vorübergehend einmal vorgestellt zu werden vermag, als Erfüllung der Aufgabe christlicher Nächstenliebe aber gar nicht angesprochen werden kann; — sodann bedeutet er die bleibende Art des Verbundenseins, die von bloß subjektiver Laune sich entfernt hält und darum die einzig berechtigte Unterlage des menschlichen Zusammenlebens abgibt. Eine rohe Gewalt kann auch ein willkürliches Gebot nach sich ziehen, einen äußeren Druck auch die bloß konventionale Regel ausüben. Das ist gar nicht dem Wesen des Rechtes zu eigen. Das Vorliegen äußerer Macht gehört — wie oben näher dargelegt — als eine wechselnde und zufällige psychologische Betrachtung von einzelnen Fällen keineswegs zu den bedingenden Merkmalen des Begriffes von dem *rechtlichen* Wollen.

Er ist in seiner logisch ordnenden Weise selbstredend in erkenntniskritischer Methode zu bestimmen. Ein jeder Begriff wird erst vollendet klar, wenn man sich sein Gegenteil im einheitlichen Denken deutlich vorstellt. Dann zeigt sich, daß die Gegenüberstellung des rechtlichen Verbindens und des konventionalen Regelns hier auf das Schärfste und Genaueste zu betonen ist. Die bleibend bedingenden Merkmale eines jeden der beiden Klassen des Verbindens haben wir hier nun oft genug hervorgehoben. Und nun halte man sich vor, daß die Mahnung des Apostels: *Habt die Brüder lieb!* — doch nicht in Gedanken mit dem Zusatze versehen werden darf: nämlich *von Fall zu Fall — nach subjektivem Belieben — im Sinne einer konventionalen Regel!* Gerade umgekehrt ist der selbstverständliche Sinn jenes Satzes in dem Hinweis auf ein bleibendes und fest dauerndes Verbinden der Brüder gerichtet, — und damit ist das hier durchgreifende und wesentlich bestimmende Merkmal der *rechtlichen* Art des Zusammenlebens erneut getroffen!

Wenn wir nun diese erste Frage, die sich in dem jetzigen Zusammenhange auftut, durch eine Wiederholung der allgemeinen Gedanken über rechtlich verbindendes Wollen beantworten, so ist die zweite Erwägung, die vorhin als Aufgabe gestellt wurde, nunmehr neu aufzunehmen. Sie geht auf die Grenze, bis zu welcher allein ein kirchliches Recht grundsätzlich berechtigt sein kann. Und sie ist dahin zu lösen, daß wir den idealen Gedanken reiner Gemeinschaft auf die kirchliche Verbindung leitend und richtend anwenden.

Daraus folgt alsbald, daß es unbedingt verfehlt sein würde, einem Menschen den Inhalt seines religiösen Empfindens selbstherrlich beschaffen zu wollen. Denn alle Religion wurzelt in dem eigensten Innern eines jeden. Es ist ein Widerspruch in sich, das Innenleben des Menschen durch eine äußere Einwirkung hervorrufen zu wollen. Die Hingebung an das Richtige ist, als Lenkung seiner Gedanken, überall des Menschen eigenes Tun. Verlegt man die Frage nach dem Gehalt des religiösen Glaubens nach außen, so ist nie zu wissen möglich: ob jemand die von ihm geäußerten Gedanken, über die er sich mit seinem Gott auseinanderzusetzen hat, in Wahrheit auch hege und besitze. Und mutet man ihm zu, solche in gewisser Art zur Schau zu tragen, so macht man sein Wollen zum Gegenstand der Willkür anderer und vergeht sich so gegen den Gemeinschaftsgedanken. Hier gilt mit Fug allein das Wort LUTHERS: *Wir zwingen niemand, auch zur Wahrheit nicht.*

Es wird also eine kirchenrechtliche Verbindung soweit grundsätzlich berechtigt sein, als sie dem Zwecke dient, einem jeden in seinem eigenen Streben nach religiöser Vervollkommnung, in seinem Suchen nach dem Frieden der Seele in Gott hilfreich und fördernd zur Seite zu stehen. Denn dieses stellt sich dann als ein gemeinschaftliches Wollen dar, das die Pflicht, die es dem Einzelnen auferlegt, durch volle Gegengabe wett macht, — das in seinen jeweiligen Besonderheiten der Idee eines reinen Verbindens folgt und darum objektiv richtig sein kann, soweit nur in Menschenhand steht.

Freilich, wie überall: so bleibt das Vollbringen auch hier eine Einzelfrage. Dem Menschen ist das Los dahin gefallen, daß er die eine höchste und unzerstörliche Aufgabe — seine Vervollkommnung zum richtigen Wollen — allezeit vor sich sieht, ohne sie endgültig und restlos jemals lösen zu können. Jeden Tag neu beginnt die Frage und Sorge, — wir kennen das Wort: *Leben heißt ein Kämpfer sein!* So werden wir es nicht verwunderlich finden, wenn über die Anwendung des Prinzips, das wir methodisch einsehen, Zweifel und Unstimmigkeiten erlebt worden sind.

Wie schwierig hat sich nicht die Frage nach der religiösen Erziehung von Kindern, vorab aus Mischehen herausgestellt! Sie untersteht dem formellen Zweifel, ob sie als Angelegenheit des öffentlichen oder, wohl mit mehr Recht, des bürgerlichen Rechtes zu ordnen sei; nur bei der Entscheidung für das letztere hat die Gesetzgebung des Reiches gegenüber der Regelung durch die einzelnen Landesrechte eine einwandfreie Zuständigkeit. Das Bürgerliche Gesetzbuch für das Deutsche Reich hat das offen gelassen. Es zog vor, bei der inhaltlichen Schwierigkeit des Gegenstandes die Frage dem Landesrechte zu überweisen (EG. 134; dagegen BGB. 1801). Bekanntlich gilt da für Altpreußen noch die Deklaration vom 21. November 1803 (für Rheinland und Westfalen vom 17. August 1825). Die Kinder sind danach in der Religion des Vaters zu erziehen; übereinstimmender Wille der Eltern kann davon abgehen. Hatte der Vater ein Jahr lang vor seinem Tode das Kind in dem Bekenntnisse des anderen Ehegatten unterrichten lassen, so soll es dabei sein Bewenden haben. Nach dem vierzehnten Lebensjahre steht es lediglich in der Wahl der Kinder, zu welcher Religionspartei sie sich bekennen wollen. — Wer in der Praxis steht, weiß, welche bitteren Folgen diese Regelung manchmal nach sich zieht. Es kann danach sein, daß der früh verstorbene Vater sein Kind kaum oder vielleicht gar nicht gekannt hat; aber nach dem sechsten Lebensjahre wird es der Mutter, die einem anderen Glaubensbekenntnisse als der Verstorbene angehört, für die religiöse Erziehung genommen. Die weiteren Landesrechte in Deutschland sind außerordentlich verschieden, die Ansichten der Schriftsteller, trotz gründlicher und scharfsinniger Bearbeitung nicht minder. Noch ist es nicht gelungen, eines Vorschlages habhaft zu werden, der die Erziehungspflicht des Staates mit der der Eltern und mit den Interessen der Kinder im Sinne des Gemeinschaftsgedankens befriedigend im Einklange hält.

Aber wir hätten als Beispiel für ungelöste Schwierigkeiten vor allem auf die Verfassung und Verwaltung der Kirche überhaupt verweisen können. Hier erscheinen die Konkordate, die die Staaten mit der Kurie abgeschlossen haben, hier ist auch die Stelle, da sich in den siebziger Jahren des 19. Jahrhunderts der *Kulturkampf* abspielte. Die katholische Kirche erkennt den Anspruch des modernen Staates, das letzte Wort im Rechte zu führen, in den Fragen nicht an, die sie vor ihr kirchliches Forum und in den Bereich ihrer Gesetzgebung gezogen hat.

Andererseits gehört es zum Wesen der evangelischen Kirche, daß schlechterdings jeder berechtigtes Mitglied darin ist, der den ernsten Willen hat, sich in die Lehre von Christus zu versenken und ihr sich hinzugeben. Einen Ausschluß eines solchen Mitgliedes kann sie nicht kennen. Das vielbesprochene preußische Kirchengesetz vom 16. März 1910, betreffend das Verfahren bei Beanstandung der Lehre von Geistlichen, widerspricht dem nicht. Bei diesem handelt es sich um die Stellung dessen, dem ein geistliches Amt anvertraut ist und um dessen pflichtmäßige Rücksichtnahme auf die Überzeugung anderer bei der Verwaltung dieses Amtes. Die Reibungen, die da nicht ausgeblieben sind, müssen auf Rechnung eines Zwiespaltes zwischen Wünschen einer einzelnen Gemeinde und zwischen der überwiegenden Auffassung der Landeskirche gesetzt werden.

Mancher möchte wohl denken, daß er allen derartigen Fragen entrinnen würde, sobald eine Trennung von Kirche und Staat erfolgte. Aber er würde damit sich in einer Täuschung befinden.

Kahl hat in mehreren trefflichen Ausführungen klargestellt, daß es eine absolute Trennung der beiden genannten Vereinigungen weder irgendwo gibt noch jemals geben kann. Es kann sich immer nur um eine bestimmt geartete, rechtliche Beziehung unter ihnen handeln. Der Satz, daß Religion *Privatsache* sein müsse, hat nur insoweit einen Sinn, als die staatliche Rechtsordnung nicht den Versuch machen soll, jemanden zu einem bestimmten Religionsbekenntnis zu zwingen und es ihm gegen seinen Willen in Lehre oder Ausübung aufzuerlegen. Aber um eine Stellungnahme zu der Religion, wie sie in geschichtlicher Weise gerade auftritt, kommt auch der Staat nicht herum.

Denn Religion ist die Krönung einer jeden Weltbetrachtung, ist die Erfüllung des Zuges nach unbedingter Einheit des Bewußtseins, ohne welchen Einheitszug kein Streben nach absolut gleichartiger Zusammenfassung der Einzelerlebnisse möglich ist. Dann aber kann auch die soziale Ordnung als solche, in ihrem Bemühen nach objektiver Richtigkeit des

Zusammenlebens, an der religiösen Frage nicht einfach vorbeigehen, ohne sich selbst zu einem inkonsequenten Stückwerk zu verurteilen.

Sonach hat das Bestreben, die staatliche Fürsorge für kirchliches Leben in ihrer überkommenen Weise aufzulösen, auch einen positiven Sinn. Es entspringt einer gewissen Grundanschauung über die letzte Bestimmung des Menschen. Und nur das ist hier merkwürdig, daß der Ruf nach einer Änderung des seitherigen Verhältnisses von Staat und Recht ebensowohl von der Seite der Gottesleugnung oder der religiösen Gleichgültigkeit wie von Bekennern des Glaubens an das Reich Gottes auf Erden erhoben worden ist.

Unter allen Umständen bleibt aber die allgemeingültige Kernfrage unserer Betrachtungen als Aufgabe unverändert bestehen.

Es bleibt die Notwendigkeit eines Rechtes der Kirche. Es ist in folgerichtigem Ausdenken erforderlich, daß auch für das religiöse Leben eine bleibende Verbindung unter den Glaubensgenossen besteht, die etwas anderes und mehr ist, als eine Summe subjektiver Begehrungen, in beliebigem Vornehmen von Fall zu Fall.

Und wir behalten stetig alsdann das Bedenken des grundsätzlich berechtigten Umfanges dieses kirchlichen

Rechtes. Auch wenn die Kirche dann im Sinne eines regelmäßigen Vereins sich aufbaut, und die Beziehungen der Gemeindemitglieder durch Vertrag sich regeln, so bleibt die Frage nach den Grenzen dieser Vertragsfreiheit. Die vertragsmäßige Bindung und die Satzung des Vereins darf, nach der Sprechweise unserer Gesetze, nicht gegen *die guten Sitten* sein. Ob das aber vorliegt, das ist methodisch zu entscheiden durch die Anwendung der Idee reiner Gemeinschaft auf die Besonderheiten des kirchlichen Lebens, wie solches oben in näherer Fassung von uns dargelegt worden ist.

Dabei ist es möglich, daß man über diese Grenzen begründeter rechtlicher Bindung in verschiedener geschichtlicher Lage ebenso verschiedener Ansicht ist, wie über die Art und den Umfang des Eingreifens seitens des allgemeinen staatlichen Rechtes. Es kann auch sehr wohl das, was zu der einen Zeit und in besonders gegebenen Schicksalen richtig erschien, bei veränderten Verhältnissen nicht mehr grundsätzlich gerechtfertigt sein; und es ist möglich, über eine im wesentlichen unveränderte Sachlage ein neues und richtigeres Urteil zu gewinnen. Hier steht als unumstößlich feste Leuchte nur der Blickpunkt des sozialen Ideales, als der Anwendung der Idee des reinen Wollens auf die Verbindungen der Menschen. Nach ihm ist der wechselnde Stoff historischen Erlebens zu richten. Dieser Stoff aber ist notwendig unstet und beschränkt, und es ist niemals möglich, zu unbedingt gültigen Sätzen zu gelangen, die einen stofflich bedingten Inhalt in sich tragen. Nur die formale Methode des Leitens und Richtens, die wir nannten, besitzt absolute Bedeutung für alle Völker und Zeiten.

Es ist dieser Gedanke, der sich im Apostelwort ausspricht: *Man soll Gott mehr gehorchen, als den Menschen.* Die Nichtachtung der Idee der Willensreinheit ist unter allen Umständen verwerflich. Was ihr jedoch in besonderer Lage entspricht, darüber mögen auch die Ansichten verschieden sein können. Aber wie in allen Aufgaben des Strebens der Menschen, darf man auch hier auf einen Fortschritt hoffen.

Worin vermag nun aber ein *Fortschritt* zu bestehen? Offenbar nur in der Weise, daß immer sicherer, immer zahlreicher und stärker ein Richten der gegebenen Lage nach der Idee des reinen Wollens geschieht. Ob das sein wird, dafür läßt sich freilich, wie für eine zweifellos eintretende Tatsache, ein exakter Beweis mit Einzelgründen nicht erbringen. Aber wir gewahren doch im ganzen Leben und in der Geschichte der Menschen den durchgreifenden Zug nach dem Richtigen. Der göttliche Funke in der Menschenbrust läßt sich nie ganz auslöschen. So glauben wir an einen

Fortschritt der Menschheit im Sinne des gemeinschaftlichen Wollens.

Nicht als an eine Naturtatsache. Wenn die grundsätzliche Vervollkommnung vorwärts gehen soll, so bedarf es der Einsicht in ihre Möglichkeit und des festen und immerwährenden Wollens, in allen bedingten Aufgaben unseres Daseins das Rechte zu beschließen und zu tun. So wird es auch angehen, für die Fragen, die uns hier beschäftigt haben — das Problem des kirchlichen Rechtes nach seinem eigenen Ausbau, wie nach seinen Beziehungen zum Gemeinschaftsleben überhaupt — auf eine Minderung erlebter Reibungen und Kämpfe und auf eine Hebung und Förderung des religiösen Lebens den erwartenden Blick in vertrauensvollem Glauben und in gefesteter Hingebung zu richten.

Literatur.

BUSCH, Gegenseitige Befruchtung von Gemeinschaft und Kirche. Vortr. a. d. Hamb. Glaubenskonferenz 1918.

HAACK, Kirche, Gemeinde, ,,Gemeinschaft". Prinzipielles zu ihrer rechten Beurteilung und Bestimmung. Zwei Vorlesungen, gehalten auf der Möllner Lehrkonferenz. 1907.

HARNACK, Kirche und Staat bis zur Gründung der Staatskirche. In ,,Internationale Wochenschrift" 1918, S. 1537 ff. Abdruck aus ,,Kultur der Gegenwart, Christl. Religion". 2. Aufl.

— Entstehung und Entwicklung der Kirchenverfassung. 1910.

HERPEL, Das Wesen der Kirche nach den Voraussetzungen und Grundsätzen des jüngeren Schleiermacher. 1915.

HOLL, Luther und das landesherrliche Kirchenregiment. Erstes Ergänzungsheft zur Zeitschrift für Theologie und Kirche. 1911.

— Luther als Erneuerer des christlichen Gemeinschaftsgedankens. In ,,Deutsch-Evangelisch", Monatsblätter für den gesamten deutschen Protestantismus. 8. Jahrg., S. 241 ff. 1917.

— Luthers Auffassung der Religion. Festrede zur Reformationsfeier der Universität Berlin 1917.

KAHL, Lehrsystem des Kirchenrechts und der Kirchenpolitik. Erste Hälfte. 1894.

— Aphorismen zur Trennung von Staat und Kirche. Berliner Rektoratsrede 1908.

— Staat und Kirche. In Handbuch der Politik. 2. Aufl., 1914, I. Bd., S. 86 ff.

KAUFMANN, ERICH, Kirchenrechtliche Bemerkungen über die Entstehung des Begriffes der Landeskirche. Vortrag, veröffentlicht in Beiträgen und Mitteilungen des Vereins für schleswigholsteinsche Kirchengeschichte. 1911. S. 369 ff.

NIEDNER, Recht und Kirche. S.-A. aus der Festschrift für Sohm. 1914.

REISCHLE, Sohms Kirchenrecht und der Streit über das Verhältnis von Recht und Kirche. 1895.

ROTHENBÜCHER, Die Trennung von Staat und Kirche. 1908.

SOHM, Das Verhältnis von Staat und Kirche aus dem Begriff von Staat und Kirche entwickelt. Abdr. a. d. Zeitschr. f. Kirchenrecht. 1873.

— Kirchenrecht. I. Bd. Die geschichtlichen Grundlagen. 1892.

— Weltliches und geistliches Recht. S.-A. aus der Festgabe für Binding. 1914.

— Das altkatholische Kirchenrecht und das Decretum Gratians. S.-A. aus der Festgabe für Wach. Nach dem Tode des Verfassers herausgeb. 1918.

STAMMLER, Wirtschaft und Recht nach der materialistischen Geschichtsauffassung. 3. Aufl. 1914.

— Rechts- und Staatstheorien der Neuzeit. Leitsätze zu Vorlesungen. 1917.

STUTZ, Der Geist des Codex iuris canonici. Eine Einführung in das auf Geheiß Papst Pius X. verfaßte und von Papst Benedikt XV. erlassene Gesetzbuch der katholischen Kirche. 1918.

FSC
www.fsc.org
MIX
Papier | Fördert gute Waldnutzung
FSC® C083411

Kolibri 360 GmbH
Ferdinand-Jühlke-Straße 7
99095 Erfurt, Deutschland
produktsicherheit@kolibri360.de